Helga Kutz-Bauer/Holger Martens

„Verfolgung als politische Erfahrung. Hamburger Sozialdemokraten nach 1945.“

Vorbemerkung

In der vorliegenden Schrift werden Lebensgeschichten von ehemals Verfolgten geschildert, die nach 1945 politisch oder beruflich ein „Neues Hamburg“ [1] mitbegründet haben. Es werden nicht nur bekannte Persönlichkeiten der Politik dargestellt – über diese gibt es reichlich Information – sondern auch die eher Unbekannten. Auch geht es nicht nur um eine Auflistung von Lebensgeschichten, sondern um die biografische Rekonstruktion von Gemeinsamkeiten, von Kollektiven.

Je ein ganzes Kapitel ist den Familien gewidmet, eines den Frauen, die eigenständig im Widerstand aktiv waren, denn die Schicksale der Frauen von Verfolgten geraten nur zu häufig aus dem Blick, ebenso wie das, was ihre Kinder erleben mussten. Kinder und Jugendliche, die zwischen 1925 und 1935 geboren wurden, haben mehr wahrgenommen, als man allgemein annimmt. Ein Beispiel unter vielen sind die Erinnerungen von Thea Schönfelder[2], der Tochter des ehemaligen Senators, die in nur einem Satz formuliert, was die Solidarität der Ehefrau für den Verfolgten bedeutete:„Und immer abhängig von der unermüdlichen, tragenden Liebe seiner Frau“. Auch die Frauen, die mit emigrierten, die selber aktiv im Widerstand waren, die ihren Lebensgefährten oder Ehemann bei seinen Aktivitäten unterstützten, werden wenn überhaupt, nur zur Kenntnis genommen, wenn sie eine politisch herausragende Rolle gespielt haben.

Und wer erinnert sich noch an die sozialdemokratischen Flüchtlinge aus den Ostgebieten oder der damaligen Ostzone, deren Verfolgungserlebnisse häufig in Vergessenheit geraten sind trotz der Bedeutung, die diese Nicht-Hamburger für den Wiederaufbau der Demokratie in Hamburg hatten.

Wenn man näher hinschaut, so zeigen sich bei den Viten ehemals Verfolgter auffällige Gemeinsamkeiten, die Gliederung in Kollektiven machte das in besonderer Weise deutlich:

- Sozialistische Orientierung schon in der Adoleszenz
- Soweit Alter oder Funktion es zuließen, waren die Männer seit der Gründung 1924 Mitglieder des Reichsbanners
- Überwiegend Herkunft aus einer sozialdemokratischen Familie und Verfolgungsschicksal mehrerer Familienmitglieder: „Bei einigen Familien gehörte zum Stammbuch auch das rote Parteibuch...“[3]
- Starke Aufstiegsorientierung gekoppelt mit Streben nach Bildung und (auch kultu-

1 „Neues Hamburg. Zeugnisse zum Wiederaufbau der Hansestadt“ war der Titel der umfangreichen 15 Hefte, die Erich Lüth zwischen 1947 und 1965 herausgab.
2 Erinnerungen Thea Louise Schönfelders, in: Bake, Rita, Der Garten der Frauen, Nachtrag/ Aktualisierung 2011
3 Oldenburg, Christel: Tradition und Modernität. Die Hamburger SPD von 1950-1966, Hamburg 2009, S. 107ff

reller) Weiterbildung. In den Lebensberichten wird mehrfach die Heimvolkshochschule Tinz[4] erwähnt. Der Besuch von Halbjahres- bzw. 5-Monatskursen war für aufstiegs- und bildungswillige junge Sozialdemokraten offenbar ein Traumziel.

- Damit verbunden die Wertschätzung von Büchern, oft in Erinnerungen genannt als der schlimmste Verlust in der NS-Zeit
- Unfähigkeit, über belastende Erlebnisse der Verfolgung zu sprechen – häufig war das erst nach Jahren möglich
- Widerstandsaktivitäten in den ersten Jahren nach 1933, dazu gehörten nicht nur Schriftenverteilung, sondern auch Sammeln von Geldern, juristische Hilfen für Verfolgte vor Gericht, Kontakte zu den in die Emigration Geflüchteten, Weitergabe von Informationen über die Lage in Deutschland (SoPaDe)
- Unter zunehmendem Druck oder nach der ersten Verhaftung: Verlagerung des Widerstands von der äußeren Aktivität zu unauffälligen Verhaltensweisen – Verweigerung, Selbstbehauptung, Eigensinn - Dissens[5] unter Beibehaltung der Kontakte im sozialdemokratischen/z.T. kommunistischen Milieu

Für die vorliegende Schrift waren biografische Beiträge aus der Schrift „Für Freiheit und Demokratie“[6] und aus der Datenbank der AvS Hamburg[7] (im Folgenden zitiert als : Datenbank AvS), die Hamburger Frauenbiografien-Datenbank[8] (zitiert als Frauenbiografien) sowie Interviews und eine Vielzahl von Publikationen die Grundlage. Zu danken ist Herbert Diercks für dessen Beitrag über Otto Grot, der auf neuen Archivforschungen beruht. Ebenso der Arbeitsgruppe für die Digitalisierung des SPD-Archivs, insbesondere Helmut Raloff, Heino Bade, Carmen Smiatacz. Helga Roepert für ausführliche Recherchen. Außerdem den Familien Fank, Kohn, Metz/Raloff, Ostermeier, Saalfeld und anderen für Auskünfte und Fotos.
In jedem Kapitel wird eine Person oder eine Familie besonders detailliert dargestellt, deren familiärer Hintergrund bzw. Lebenslauf als typisch oder herausragend für die jeweilige Gruppe angesehen werden kann.

4 Die Heimvolkshochschule Tinz, 1919 gegründet, bot Halbjahreskurse für junge Menschen, denen die Möglichkeit geboten wurde, sich umfassende Kenntnisse in Geschichte, Politik, Wirtschaft usw. zu erwerben. Sie sollte parteipolitisch nicht gebunden der ganzen Arbeiterbewegung dienen.
5 Schneider, Michael: Politischer Widerstand? : Dissens im Alltag des „Dritten Reichs“, Friedr.-Ebert-Stiftung , Gesprächskreis Geschichte Nr. 86, 2010 PDF http://library.fes.de/pdf-files/historiker/07664.pdf
6 SPD Landesorganisation Hamburg (Hg.): Für Freiheit und Demokratie: Hamburger Sozialdemokratinnen und Sozialdemokraten in Verfolgung Widerstand 1933-1945, 2003; als PDF siehe http://www.spd-hamburg.de/cms/index.php?id=1463
7 http://verfolgte.spd-hamburg.de/cms-biographien/biographien/ (Datenbank der AvS Hamburg) abgerufen 24.10.2012
8 http://www.hamburg.de/clp/frauenbiografien-suche/clp1/ (Landeszentrale für politische Bildung, Hamburg) abgerufen 24.10.2012

1. Nach der Verfolgung

Frühjahr 1945: Hamburg in Trümmern, die Alliierten rücken vor. Einzelne und Reste der sozialdemokratischen Widerstandsbewegung hatten begonnen, sich zu sammeln.

Viele konnten nicht mehr dabei sein: die in Krieg oder Bombenkrieg Umgekommenen, Genossen und Genossinnen, die ermordet wurden, manche von ihnen auch als Sozialdemokraten jüdischer Herkunft. Sie wurden hingerichtet, in den Tod getrieben, nahmen sich aus Verzweiflung in der Haft das Leben, starben elendig beim Untergang der Cap Arcona oder fanden in den berüchtigten Bewährungsbataillonen ihren Tod. Fast 200 waren das, und mehr als eineinhalbtausend Sozialdemokraten, die allein in Hamburg unter Verfolgung und Haft gelitten hatten. Nicht gezählt die Emigranten und auch die vielen Familien, die nicht wussten, wovon sie leben sollten, selbst ihre Kinder waren ausgestoßen aus der sogenannten „Volksgemeinschaft",

SPD Beitragsmarken 1932 u 33

Fast alle, die vor 1933 politisch herausragend aktiv waren, wurden 1944, nach dem Attentat am 20. Juli, ein weiteres Mal verhaftet, einige sogar bis Kriegsende. Nun aber stand das Ende der NS-Herrschaft bevor. Sie trafen sich heimlich privat und hielten Rat über den Neuanfang. Zu ihnen gehörten Walter Schmedemann, der Initiator des Widerstands, Hellmut Kalbitzer, Willi Elsner, Heinz Gärtner, Paul Bebert und andere (s.a. Kap. 7).

Schon im Juli 1945, als Parteigründungen eigentlich noch verboten waren, konstituierte sich die Hamburger Landesorganisation der SPD unter der Führung des früheren Vorsitzenden Karl Meitmann und Walter Schmedemanns zusammen mit Vertretern von mittlerweile entstandenen Basisgruppen. Dazu gehörten auch Hellmut Kalbitzer, vor 1933 Mitglied des Internationalen Sozialistischen Kampfbundes (ISK)[1]

1 Der Internationale Sozialistische Kampfbund, von dem Göttinger Philosophen Leonard Nelson (1882-1927) gegründet, vertrat einen ethisch motivierten, ebenso antiklerikal, antimarxistisch, aber undemokratisch ausgerichteten Sozialismus, die Organisation war hierarchisch gegliedert. Bis 1938 konnte der ISK dank rechtzeitig auf die Illegalität gut vorbereiteter Widerstandsgruppen die Ausschleusung politischer Flüchtlinge, technische Sabotage, Verbreitung von Flugblättern und mehr organisieren. Bei dem Versuch, eine illegale Gewerkschaft aufzubauen, wurden sie vom Internationalen Transportarbeiterverband unterstützt, der im Widerstand eine gar nicht zu überschätzende Rolle spielte (vgl. z.B. Metz, Kap. 3, Kummernuss, Kap. 9, u.a.m). Siehe auch: Die Internationale Transportarbeiter-Föderation (ITF) und die Umschaltung der Gewerkschaften in Deutschland, in: Esters, Helmut/Pelger, Hans: Gewerkschafter im Widerstand, Hannover 1967, S.25ff, und Lindner, Heiner: „Um etwas zu erreichen, muss man sich etwas vornehmen, von dem man glaubt, dass es unmöglich sei". Der Internationale Sozialistische Kampf-Bund (ISK) und seine Publikationen, Reihe Gesprächskreis Geschichte, Bonn 2006

und Willi Elsner, früher SAP(D)[2]. Das ist deshalb bemerkenswert, weil vor 1933 jüngere Kräfte aus dieser linken Ecke sicherlich keine Chance in der Führung der Partei gehabt hätten.

Allerdings hatte Kalbitzer auch zusammen mit anderen ehemaligen Mitgliedern des Widerstands und der Gewerkschaften eine Aktion in Gang gesetzt, die in ganz Deutschland einmalig gewesen sein dürfte: Wenige Tage nach der Kapitulation Hamburgs, nachdem sie erfahren hatten, dass die Alliierten die Gründung von Parteien verboten hatten, traf er sich mit einigen Widerständlern und Gewerkschaftern „mehr oder weniger zufällig Anwesenden"[3] vor dem Gewerkschaftshaus und sie beschlossen die Gründung einer „Sozialistischen Freien Gewerkschaft". Vorsitzender: Walter Schmedemann. Innerhalb eines Monats hatten sie 50.000 Mitglieder! „Auf offener Straße vor dem Gewerkschaftshaus haben im Mai 1945 fünfzigtausend Hamburger Arbeiter und die Widerständler die Gewerkschaft gegründet und einen „ungeschriebenen Vertrag" geschlossen, von keiner Bürokratie beglaubigt."[4]

14.9.1945: Paul Bebert schlägt das Hakenkreuz am Gewerkschaftshaus ab

Beide Seiten, die jungen Linken und die ehemaligen Funktionäre der SPD hatten – in Grenzen – dazu gelernt. Was ihn zum ISK[5] führte beschreibt Hellmut Kalbitzer in seinen Erinnerungen. Auch die Aufzeichnungen Willi Brandts, vor 1933 Mitglied der SAP, zu diesen Abspaltungen und zu den späteren Versöhnungen sind noch heute lesenswert: „Wie zahlreiche jungen Sozialdemokraten hatte ich mich Ende 1931 dieser Gruppierung angeschlossen, die sich als ‚linke' Opposition von der offiziellen Sozialdemokra-

2 SAPD (auch SAP) gegründet von Mitgliedern des linken Flügels der SPD-Fraktion im Herbst 1931, dem weitere Mitglieder linker Gruppierungen sich anschlossen. Siehe auch: http://de.wikipedia.org/wiki/Sozialistische_Arbeiterpartei_Deutschlands_(1931), abgerufen 18.10.2012

3 Unveröff. Manuskript Hellmut Kalbitzer vom April 2005, S. 5

4 Ebenda, S. 6

5 Kalbitzer, Hellmut: Widerstehen oder Mitmachen. Eigen-sinnige Ansichten und sehr persönliche Erinnerungen, Hamburg 1987, S. 26 ff.

tie trennte. Es war eine Trennung, die sich uns als Aufbegehren gegen eine schwächliche, kraftlose, kompromisslerische Politik darstellte."[6] Selbstkritisch schreibt er später: „Schlechte Erfahrungen (auch in der Emigration, Anm. d. Verf.) mit den Kommunisten hatten dazu beigetragen, dass sich 1938/39 der Wunsch durchsetzte, verschiedene sozialistische Gruppen in einer Arbeitsgemeinschaft zusammenzuführen. Mir kam diese Entwicklung sehr gelegen, denn meine eigene Entwicklung hatte mich zu einer mehr praktischen und lebensnahen Sicht der Dinge geführt und der prinzipielle Wert der Demokratie war mir klarer geworden."[7] Zugehörigkeit zu oppositionellen Gruppen, aber nicht zur KPD, wurde in der SPD nach 1945 sogar als durchgehende Mitgliedschaft anerkannt.
Zwar gab es nach 1945 ganz allgemein in der SPD, insbesondere auch der Hamburger SPD, den Trend zur Einheit mit der KPD, um die Spaltung der Arbeiterbewegung zu überwinden, aber diese Vorstellung wich schon im Herbst 1945 zunehmender Skepsis und letztlich führte das Verhalten der KPD und der Besatzungsmacht in der Ostzone dazu, sich von dieser Idee zu verabschieden. Es war nicht zuletzt der Einfluss Kurt Schumachers[8], der nach fast zehn Jahren in verschiedenen KZs schon dort stets jede Zusammenarbeit mit den Kommunisten abgelehnt hatte, weil er ihnen die Mitschuld am Untergang der Weimarer Republik nicht verzieh.

Die Wiedergründung der Hamburger SPD nach 1945 vollzog sich, so der Historiker Walter Tormin[9], nahezu automatisch, und zwar aus zwei Wurzeln: den in manchen Stadtteilen in erheblichem Umfang erhaltenen sozialdemokratischen Milieus und den Resten der sozialdemokratischen Widerstandsbewegung. Das spiegelt sich wider in den Persönlichkeiten, die bis weit in die 60er Jahre die Politik der Hamburger SPD prägten. Die Namenslisten der Mitglieder des Landesvorstands und die Kandidatenlisten der SPD für die Hamburgische Bürgerschaft lesen sich in großen Teilen wie ein ‚who is who' der ehemals Verfolgten und in der Widerstandsbewegung Aktiven bzw. der sozialdemokratischen Emigranten. Schon Ende 1946 betrug die Zahl der Parteimitglieder in Hamburg 46.000.

Die Neuwahl des Landesvorstands 1948 macht deutlich, dass weitere profilierte ehemalige Linke eingebunden wurden: „Drei neugewählte Beisitzer (Blachstein, Neuenkirch, Wehner) gehörten erstmalig nicht zur Gruppe der alten Hamburger und Altonaer Funktionäre, waren aber inzwischen integriert und wegen ihres Einsatzes für die Partei besonders geschätzt. Die Wahl kann nicht als politische Richtungsänderung gewertet werden, weil zwar (mit Vorbehalten) die beiden erstgenannten als ‚links' eingestuft werden können, Wehner jedenfalls nicht."[10]
Mit dem zurückgekehrten Emigranten Max Brauer an der Spitze, vielen noch bekannt als der legendäre Oberbürgermeister Altonas, gelang es in einer Zeit tiefster Not nicht nur den Bürgern, sondern auch den Mitgliedern der eigenen Partei Mut zu machen. Bei der Beseitigung der Trümmer, der Wiedergutmachung für Verfolgte, in der Kinder- und Jugendpolitik und auch beim Wohnungsbau und der Fürsorge für Flüchtlinge wurde Hamburg unter der Führung dieser Sozialdemokraten Vorbild für andere. Und nicht nur darin, das galt auch für das kulturelle Engagement Brauers und der einzigartigen Aktion „Kunst gegen Kohle", die er im Winter 1946/47 zusam-

6 *Brandt, Willy: Draußen. Schriften während der Emigration. München 1966, S. 63*
7 *Ders. S. 70*
8 *Peter Merseburger: Der schwierige Deutsche Kurt Schumacher. Eine Biographie. Dt. Verl.-Anst., Stuttgart 1995*
9 *Tormin, Walter: Die Neugründung der SPD nach dem Kriege (1945-1949)), in: Lohalm, Uwe (Hrg.) Arbeiterpartei und Großstadtpolitik. Zum Wandel der SPD in Hamburg im 20. Jahrhundert, Hamburg 1996, S. 5f*
10 *Tormin, Walter: Die Geschichte der SPD in Hamburg 1945 bis 1950, Forum Zeitgeschichte Band 4, Hamburg 1995, S. 203*

men mit Otto Burrmeister[11] veranlasste, den zügigen Neubau der Hamburgischen Staatsoper, der Theater, der Förderung der Künste.
Viele dieser sozialdemokratischen Spitzenpolitiker waren gesundheitlich geschwächt durch die Entbehrungen in der Emigration, Gefängnis- oder KZ-Aufenthalte, durch ein Leben in Angst vor der Gestapo. Man möge die Fotos aus dieser Zeit ansehen, wie schmal und verhungert diese Gesichter sind. Heute fragt man sich, wie sie die Kraft für den politischen Einsatz unter den Bedingungen jener Zeit aufbrachten. Wahrscheinlich vor allem durch eines: das Wissen, ein neues 1933 darf es nie wieder geben.

11 Vgl. Vita Otto Burrmeister in Datenbank AvS. Burrmeister hatte vor 1933 das Zeichen der drei Pfeile für die Eiserne Front entworfen. Auch er war einer der Verhafteten bei der sog. Echo-Versammlung.

2. Rückkehrer aus der Emigration

Nicht alle, die 1933 emigrieren konnten, kehrten zurück. Die Motive, zurückzukehren, waren vielschichtig, das wird besonders deutlich aus den nachstehend geschilderten Lebensgeschichten. **Max Brauer (*1887)**[12] dachte 1933 zunächst nicht an Flucht, wurde dazu gedrängt und musste Hals über Kopf fliehen. Auch **Herbert Weichmann (*1896)**, besonders gefährdet als Jude und ehemaliger Referent des preußischen Ministerpräsidenten Otto Braun, flüchtete mit seiner – nicht-jüdischen – Frau Elsbeth erst im Sommer 1933[13]. **Peter Blachstein (*1911)** wiederum, besonders gefährdet als Jude, Homosexueller und aktives Mitglied der Sozialistischen Arbeiterpartei (SAP), wurde bereits am 8. Mai 1933 verhaftet und obwohl er von Februar 1934 bis zum August 1934 im KZ Hohnstein war, wollte er sogar in Deutschland bleiben und sich weiter an der illegalen Arbeit der SAP beteiligen.

Auch er musste überredet werden zu fliehen. Auch Herbert Wehner (*1906) blieb in Deutschland, er war wie fast alle führenden KPD-Funktionäre zum illegalen Widerstand entschlossen. Herbert Pardo (*1887) dagegen emigrierte sofort mit der ganzen Familie nach Israel, ein schwerwiegender Entschluss für einen erfolgreichen Hamburger aus alteingesessener Familie. Ein Entschluss, der ihm vielleicht leichter fiel, da er dem Vorstand des Hamburger Zionistischen Verbandes angehört hatte und seine beiden Söhne sich auf die Alija, die Rückkehr der Juden nach Erez Israel, vorbereitet hatten. „Annähernd jeder Zweite (Jude), der Hamburg in der ersten Auswanderungsphase verließ, emigrierte nach Palästina... Unter den Auswanderern war der Anteil von Akademikern und insbesondere von Ärzten auffallend hoch.“ [14]

Nicht selten wurde die Emigration zu einer Odyssee[15]. Der Anfang war für alle schwer, selbst für Max Brauer, der als Experte für den Völkerbund zunächst nach China ging. Das Ehepaar Weichmann, im Oktober 1933 in Paris sesshaft geworden, sprach nur wenig französisch und fühlte sich in der Millionenstadt verloren, nicht ohne Mühe fasste Herbert Weichmann Fuß als Auslandskorrespondent. Peter Blachstein, zunächst in Oslo im Büro Willy Brandts tätig, geriet dann im Spanischen Bürgerkrieg zwischen die Fronten. Herbert Pardo, der nicht in seinem Beruf tätig werden konnte, versuchte sich mit wenig Glück als Unternehmer und sehnte sich nach Deutschland. Herbert Wehner, damals Kommunist, durchlebte im Exil in Moskau die Hölle der Säuberungen Stalins und musste sein Leben lang damit leben, in dieser von Todesangst erfüllten Atmosphäre von Verrat, Denunziation und Gegendenunziation selber schuldig zu werden.

12 Axel Schildt: Max Brauer. Hamburg 2002; Arnold Sywottek: Max Brauer: Oberbürgermeister – Exilant – Erster Bürgermeister. Reprint von 1991 in: Landeszentrale für politische Bildung (Hrsg.), Hamburg nach dem Ende des Dritten Reiches: politischer Neuaufbau 1945/46 bis 1949. Sechs Beiträge. Hamburg 2000, S. 137–164 und S. 224–229 sowie http://de.wikipedia.org/wiki/Max_Brauer abgerufen 19.9.2012

13 Uwe Bahnsen: Die Weichmanns in Hamburg. Ein Glücksfall für Hamburg, (Hrsg.): Herbert-und-Elsbeth-Weichmann-Stiftung), Christians-Verlag, Hamburg 2001

Anneliese Ego: Herbert und Elsbeth Weichmann. Gelebte Geschichte 1896–1948.(Hrsg.): Herbert-und-Elsbeth-Weichmann-Stiftung, Christians-Verlag, Hamburg 1998 sowie http://de.wikipedia.org/wiki/Herbert_Weichmann abgerufen 21.9.2012

14 http://www.dasjuedischehamburg.de/inhalt/emigration 19.9.2012

15 Apel, Linde: Keine Zuflucht. Verfolgungserfahrungen emigrierter Hamburger Juden, in: Meyer, Beate, (Hrsg.): Die Verfolgung und Ermordung der Hamburger Juden 1933-1945. Geschichte. Zeugnis. Erinnerung, Hamburg 2006, S. 99ff.

Und es sollte nicht übersehen werden: Zum Zeitpunkt der Emigration waren Max Brauer und Herbert Pardo sechsundvierzig Jahre alt, Herbert Weichmann siebenunddreißig, Wehner siebenundzwanzig, Blachstein, der Jüngste, war erst zweiundzwanzig Jahre alt. Für ältere war es schwer. Sprachkenntnisse, falls sie die hatten, waren vergessen, die Umstellung auf Neues fiel schwerer als für junge Menschen. Brauers Englisch war alles andere als gut, als er 1936 in den USA eintraf. Herbert und Elsbeth Weichmann waren nach einer schwierigen und dramatischen Flucht bei der Ankunft in den USA 44 bzw. 40 Jahre alt. In einem fremden Land neu anzufangen, mit einer fremden Sprache, die man nicht oder unvollständig beherrscht, sich in einer völlig anderen Kultur zurecht zu finden, sein früheres Leben ganz aufzugeben war für manch einen so schwer, dass er, wie Stefan Zweig, Selbstmord beging. Und doch wurden nach 1945 zurückgekehrte Emigranten nicht selten beschimpft. Ein Beispiel dafür war Willy Brandt. Selbst Adenauer und Franz Josef Strauß waren sich nicht zu schade, ihn zu diffamieren[16]. So z.B. Franz-Josef Strauß: „Wir müssen Herrn Brandt fragen dürfen: Was haben Sie zwölf Jahre lang draußen gemacht? Wir wissen, was wir drinnen gemacht haben.“[17]
Was nie oder selten gefragt wurde: Wie haben eigentlich die Frauen der Exilierten das durchgestanden? Ausführliche Berichte sind selten, allzu oft werden die Frauen, die mit den Männern ihr Schicksal teilten, nicht einmal in deren Lebensberichten erwähnt.

Gelegentlich gibt es unveröffentlichte Erinnerungen, wie die von Grete Raloff, geb. Müller (vgl. Kap.5), die sie für ihre Töchter verfasst hat.[18] Grete Raloff folgte Ende 1934 ihrem Mann nach Dänemark – das hieß, mit den beiden Kindern illegal im Winter über die Grenze zu gehen. Das bedeutete auch, in einer fremden Sprache einzukaufen, mit verzweifelt wenig Geld auszukommen. 1938 erfuhren sie, dass sie aus Deutschland ausgebürgert worden waren. Dann kam der 9. April 1940, die Besetzung Dänemarks durch die Deutschen: „Nach einigen Tagen der Ungewissheit und der Untertauchens mal hier mal da, stand man zum zweiten Male vor der Tatsache: entweder KZ oder Flucht. ...Es gibt Augenblicke, da man sein Herz nicht mehr schlagen hört, etwas Eisiges geht darüber hin...In einem kleinen Fischerboot über den Sund zu kommen. In der Nacht war ich ganz apathisch. In Gedanken sah ich nur den Sund, der noch so viel Eis trug.“[19] Karl Raloff kann über den Sund entkommen, die Familie bleibt fünf Jahre allein in Dänemark.

Grete Raloff kämpft ums Überleben, erhält Erlaubnis zum Waschen und Reinmachen. Stundenlohn 75 Öre für die Schmutzarbeit – und das „war mancher ‚Arbeitgeberin' noch zu viel.“ Die zurückgebliebenen Emigrantenfrauen werden an das dänische Sozialkontor verwiesen. Grete Raloff berichtet von stundenlangem Stehen zwischen Hunderten von Menschen und von der Angst, dass eines Tages selbst diese Unterstützung aufhören könnte. Sie erlebt, dass im Sommer 1941 alle verhafteten in Dänemark verbliebenen Emigranten nach Deutschland abgeschoben werden und bald danach auch deren Frauen Dänemark verlassen müssen. Ein Leben in Angst und Sorge: „Es war, als lebte ich zwei Leben nebeneinander. Das eine hieß arbeiten und rechnen und wieder arbeiten und rechnen und das andere...Ich hatte die unbedingte Gewissheit, dass unsere Ehe hielt, trotz Entfernung und seelischer Not. Viele Emig-

16 *„Wer ist Willy?“ Der Spiegel http://www.spiegel.de/spiegel/print/d-43160076.html 8.3.1961, abgerufen 10.9.2012*
17 *„Der Endkampf“ Der Spiegel http://www.spiegel.de/spiegel/print/d-43160714.html 5.4.1961, abgerufen 10.9.2012; dazu: Klaus-Dieter Krohn/Axel Schildt (Hrsg.): Zwischen den Stühlen? Remigranten und Remigration in der deutschen Medienöffentlichkeit der Nachkriegszeit, Hamburg 2002*
18 *Karl und Grete (Raloff): Erinnerungen, MS privat Familie Raloff*
19 *ebenda, S. 11*

rantenehen sind in dieser Zeit zerbrochen..."[20]
Eine Quelle ersten Ranges hat auch Elsbeth Weichmann mit ihrem Buch „Zuflucht"[21] hinterlassen, ein bewegender Bericht. Sie schildert, wie Emigranten sich immer wieder mit einer neuen Sprache und Kultur auseinandersetzen müssen, aus einer gesicherten Existenz zu Bettlern werden, als Fremde mit anderen Verhaltensweisen und Normen konfrontiert werden – und damit das Gefühl haben, entwurzelt, heimatlos zu sein.

Elsbeth Greisinger und Herbert Weichmann hatten sich beim Studium in der Sozialistischen Studentengruppe der Universität Frankfurt kennen – und lieben gelernt. Beide promovierten und heirateten 1928. Zu diesem Zeitpunkt wurde Herbert Weichmann persönlicher Referent von Otto Braun. Elsbeth arbeitete bei der Genossenschaft Deutscher Bühnenangehöriger - die Liebe zur Kultur sollte ihr späteres politisches Leben prägen.

Max Brauer, Elsbeth und Herbert Weichmann

Der Anfang in Paris war schwer, doch sie lebten sich ein, bauten sich eine neue Existenz auf, trafen auf Brauer. Herbert Weichmann hatte Brauer in Altona bereits während der Verhandlungen zum hamburgisch-preußischen Abkommen kennengelernt. In Paris entstand dann eine enge Freundschaft.
1940 marschierten die Deutschen in Frankreich ein, beide wurden getrennt interniert in Südfrankreich. Sie konnten fliehen und fanden sich wieder, ohne Geld, ohne Visum für ein rettendes Land. Otto Braun konnte mit 1000 Francs helfen. Bei dem Versuch, illegal über die Pyrenäen nach Spanien und Portugal zu kommen, nahm die Flucht fast ein schlimmes Ende: „An einem strahlenden Spätsommertag stiegen wir im Morgengrauen ...in den Pyrenäen in die Berge, auf deren Kamm die französisch-spanische Grenze verlief...Knapp vor der Grenze tauchte ein französischer Zöllner

20 Ebenda, S. 15
21 Weichmann, Elsbeth: Zuflucht. Jahre des Exils, Hamburg 1983

auf. Ich wollte mich auf den Boden werfen, aber Herbert meinte, er habe uns längst gesehen, wir gingen am besten auf ihn zu. Der Zöllner drehte uns den Rücken zu und ging fort. Er war noch kein Vichy-Mann. Er wollte uns nicht sehen."[22] Sie gingen rechtzeitig über die Grenze, wenig später wurden die Fluchtwege zunehmend verlegt, viele Flüchtlinge kostete das das Leben. Das war nicht der letzte dramatische Vorfall bei dieser Flucht, doch nach Wochen des Wartens in Lissabon konnten sie Ende 1940 New York erreichen.

In New York hieß es, ein neues Leben aufzubauen. Was das an Umstellung bedeutete, schildert Herbert Weichmann in seinem Buch „Alltag in USA".[23] Doch er schildert nicht, wie sehr er litt: „Kein fester Punkt war für ihn zu erspähen, von dem aus versucht werden konnte, ein neues Leben zu zimmern."[24] Elsbeth, tatkräftig wie immer, bemühte sich um den Lebensunterhalt, während Herbert zunächst die nicht sehr einfache Ausbildung zum Wirtschaftsprüfer absolvierte.

Elsbeth war die Stärkere. Sie absolvierte ein Kurzstudium an der New York University im Bereich Business Statistics. Sie wurde von Robert Kempner[25], der mittlerweile als Professor an der Universität Philadelphia lehrte, in diesen Studiengang eingeschrieben. Die Freundschaft zu Max Brauer, der sich seit 1943 als Vorsitzender der German Labour Delegation für ein soziales und demokratisches Deutschland einsetzte, vertiefte sich.

Als **Max Brauer** im Juli 1946 nach Hamburg-Altona zurückkehrte, wurde er sehnsüchtig erwartet. Die Bevölkerung jubelte ihm zu und als Erster Bürgermeister schrieb er dem zögernden Herbert: „Komm zurück zu unseren Trümmern..." Herbert Weichmann und Elsbeth hatten inzwischen ihren Neffen Frank, dessen Familie im Holocaust ermordet worden war, wieder gefunden und adoptiert. So fuhr Herbert zunächst – und es war kein leichter Entschluss – alleine in das zerstörte Hamburg. Brauer wusste, dass er sich einen klugen Kopf und kühlen Rechner holte: 1948 bis 1957 war Herbert Weichmann Präsident des Rechnungshofes, wurde dann bis 1965 Finanzsenator, um bis 1971 als Erster Bürgermeister Hamburgs bei Wahlen für die SPD absolute Mehrheiten zu erringen.

Weichmann hatte auch auf Bundesebene ein so hohes Ansehen, dass er 1969 als Bundespräsident im Gespräch war, er lehnte jedoch von vornherein ab. Einer seiner Gründe: Ganz generell könne es nicht Sache eines jüdischen Staatsoberhauptes sein, dem deutschen Volk bei der Bewältigung der NS-Vergangenheit den Weg zu weisen, sondern dies sei ein moralisches Problem der nichtjüdischen Deutschen.[26]

Elsbeth Weichmann war von 1957 bis 1974 Mitglied der Hamburgischen Bürgerschaft. Dort war ihr Hauptbetätigungsfeld die Kulturpolitik, ihr Credo war „Kultur für alle!". Sie gründete die Verbraucherzentrale – die erste in Deutschland – und kämpfte für die Gleichberechtigung der Frauen, denn die Vorgaben des Grundgesetzes Artikel 3 Abs. 2 traten erst 1958 teilweise, in zentralen Punkten sogar erst 1977 in Kraft.

Herbert war hoch geachtet – aber Elsbeth wurde geliebt, ihre Biografin: „Sie hatte im Gegensatz zu ihm den selbstverständlichen Charme im Umgang mit Menschen."[27]

Max Brauer,[28] hatte als achtes von dreizehn Kindern einer Ottenser Glasbläserfamlilie die damals noch zu Preußen gehörende Volksschule besucht, in der man neben

22 *Zuflucht (Anm. 21), S. 111*
23 *Weichmann, Herbert: Alltag in USA, Lizenzausgabe Hamburg 1985*
24 *Zuflucht, (Anm. 21), S. 127*
25 *http://de.wikipedia.org/wiki/Robert_Kempner abgerufen 21.09.2012*
26 *Bahnsen, Uwe,(Anm. 13), S. 357*
27 *Ego, Anneliese, (Anm. 13)*
28 *http://de.wikipedia.org/wiki/Max_Brauer abgerufen 24.9.2012*

Beten nur das Nötigste lernte.[29] Doch er war ein wissbegieriges und lesewütiges Kind: „Ich habe wie viele junge Arbeiter gehungert und gedürstet nach Bildung und Wissen."[30] Das zahlte sich aus. Der gelernte Glasbläser, früh in die SPD eingetreten, wurde schon mit 22 Jahren Angestellter und später Betriebsleiter des Konsum-Bau- und Sparvereins Ottensen. Nach der Novemberrevolution in den Magistrat von Altona gewählt, wurde er nach 5 Jahren Oberbürgermeister und erwarb sich einen legendären Ruf als Organisator, Krisenmanager, Stadtentwickler und Förderer der Kultur. Seine Freunde und Mitarbeiter nannten ihn einen „Barockfürst" und „Volkstribun". Das sollte sich auch nach seiner Rückkehr 1946 zeigen. Die Hamburger erinnerten sich an ihn und als er vor tausenden von Zuhörern im August 1946 mit ihm eigenen Leidenschaft und Zuversicht zu ihnen sprach, jubelten sie ihm zu, einzelne riefen „Hierbleiben!". Schon in seinen Jahren in Amerika hatte er sich unermüdlich für ein freies und demokratisches Deutschland eingesetzt und als er im November 1946 zum Ersten Bürgermeister gewählt wurde, sah er die Chance, Hamburg, die Stadt mit der republikanischen Tradition, zu einem Vorbild für ein neues Deutschland zu machen. Brauer war „die Seele des Wiederaufbaus"[31] Im Katastrophenwinter 1946/47 wurde er durch seinen Kampf gegen Hunger, Not und Kälte zum Retter der Stadt.

Nach vierjähriger Unterbrechung durch die bürgerliche Koalitionsregierung unter Sieveking wurde Brauer 1957 wieder Erster Bürgermeister. Brauer, seit 1958 vom Parteivorstand der SPD mit dem Kampf gegen die atomare Bewaffnung der Bundeswehr betraut, machte Hamburg zum Zentrum des Protests „Kampf dem Atomtod". An der Kundgebung am 17. April 1958 auf dem Rathausmarkt nahmen 150.000 Menschen teil.

Es fiel ihm schwer, wie abgesprochen sein Amt als Erster Bürgermeister aufzugeben, das Paul Nevermann dann im Dezember 1960 antrat.[32] Herbert Wehner hatte einen Kompromiss ausgehandelt, nachdem der profilierte Nevermann die Partei in den vier Jahren der Opposition glänzend vertreten hatte, sollte dieser Max Brauer nach drei Jahren ablösen.

Brauer übernahm ein Bundestagsmandat, zog sich jedoch nach seiner innerparteilichen Niederlage gegen Hans Apel bei der Bundestagswahl 1965 aus der Politik zurück.

Herbert Wehner und Peter Blachstein, die beiden jüngsten Emigranten, die nach 1945 in der Hamburger SPD ihre politische Heimat fanden, hatten beide ein bewegtes politisches Leben hinter sich.

Herbert Wehner, in Dresden geboren, der von der SAJ zur KPD gewechselt war, hatte politische Karriere in der KPD gemacht, organisierte von Paris aus den kommunistischen Widerstand in Deutschland und wurde 1937 nach Moskau beordert. Er überlebte die stalinschen Säuberungen und, von der Partei nach Schweden geschickt, wurde er dort wegen ‚Spionage' verhaftet. Er brach mit dem Kommunismus und heiratete Charlotte Burmester, die Witwe des ermordeten Hamburger Kommunisten Carl Burmester, der mit Paul Nevermann befreundet war. Beide, auch die beiden Kinder Charlottes, wurden in Schweden von ihren ehemaligen Genossen verfemt. Sie kehrten 1946 nach Hamburg zurück.

29 Vgl. Kutz-Bauer, Helga/Raloff, Max: Aufstieg durch Bildung. Eine sozialdemokratische Erfolgsgeschichte. Reihe Gesprächskreis Geschichte, Heft 94, Fr.-Ebert-Stiftung, Bonn 2012, S. 3ff
30 Zitat aus Sywottek, Arnold: Max Brauer, Oberbürgermeister – Exilant – Erster Bürgermeister. Anm. 12, S. 140
31 Lüth, Erich: Max Brauer. Glasbläser, Bürgermeister, Staatsmann, Hamburg 1972, S. 51
32 Vgl. "Brauer, bleib" in: Der Spiegel 51/1960 http://www.spiegel.de/spiegel/print/d-43067961.html 14.12.1960, abgerufen 25.09.2012

Wehners Intelligenz und rhetorische Begabung hatte sich bereits in Dresden gezeigt, er besuchte dort eine Reform-Berufsschulklasse, die speziell für die Ausbildung begabter Arbeiterkinder eingerichtet worden war. Wie auch andere politisch engagierte Aufsteiger fand er schon in Dresden sein Wirkungsfeld im Journalismus, diese Berufserfahrung wurde später sein Sprungbrett: 1947 übernahm er die Leitung des außenpolitischen Ressorts des „Hamburger Echo". Sein Bekanntheitsgrad wuchs durch seinen Kampf gegen die kommunistische Agitation in den Betrieben, niemand durchschaute wie er deren Agitation und Propaganda.[33]

Herbert und Charlotte Wehner

Schon zwei Jahre später, 1949, wurde er für den Bundestag nominiert und war bis 1983 Abgeordneter für den Wahlkreis Harburg. Als Minister, Fraktionsvorsitzender der Bundestagsfraktion und Chefstratege wurde er einer der einflussreichsten Politiker der Bundesrepublik. Er war ein gefürchteter Redner, galt als Zuchtmeister der Fraktion. „Die Partei fürchtete ihn. Aber sie bewunderte ihn auch. Es hatte in der sozialdemokratischen Geschichte selten einen Mann gegeben, der seine so chronisch zögerliche und regierungsängstliche Partei derart rüde und rücksichtslos zur Macht trieb wie Wehner."[34] Nicht zuletzt wurde er von der Hamburger SPD geliebt, auch weil viele wussten, mit wie viel Gespür und Selbstlosigkeit er Verfolgten half, sie bei sich aufnahm, ihnen Arbeit verschaffte. Nach seinem letzten Auftritt beim Hamburger Parteitag gab es minutenlange Ovationen.

Als **Peter Blachstein** im April 1947 nach Hamburg kam, war er 36 Jahre alt, und hatte bereits ein bewegtes - einige würden sagen - ‚unstetes' Leben hinter sich. Wie Wehner in Dresden geboren, hatte er die Schule vor dem Abitur abgebrochen, beendete auch seine Buchhändlerlehre nicht. Doch es gelang ihm, mit einer Ausnahmegenehmigung zu studieren, er schrieb neben dem Studium für verschiedene sozialistische Zeitungen und nahm Schauspielunterricht. Seit 1929 in der SPD wechselte er zu der linken Abspaltung SAPD und wurde schon im Mai 1933 mit 90 anderen SAPD Mitgliedern verhaftet. Er wurde bis zum 13. August 1934 im KZ Hohnstein gefangen ge-

33 Oldenburg, Christel: Tradition und Modernität. Die Hamburger SPD von 1950-1966, Münster 2009, S. 755
34 Herbert Wehner. Zuchtmeister und Stratege der Macht. Spiegel online http://www.spiegel.de/politik/deutschland/herbert-wehner-zuchtmeister-und-stratege-der-macht-a-424322.html abgr. 9.3.2013

halten. Er wollte die illegale Widerstandstätigkeit wieder aufnehmen, aber es wurde ihm, der nicht nur politisch, sondern auch als Jude und Homosexueller besonders gefährdet war, geraten zu emigrieren.
Im August 1935 wurde er Mitarbeiter von Willy Brandt im Internationalen Sozialistischen Jugendbüro in Oslo. Als dieses zur Zeit des Spanischen Bürgerkriegs nach Barcelona verlegt wurde, engagierte man Blachstein als internationalen Sekretär. Differenzen im dortigen linken Lager führten dazu, dass er dort im Mai 1937 von der kommunistischen Geheimpolizei verhaftet wurde. Erst im Januar 1938 gelang ihm die Flucht, über Frankreich und Schweden floh er wieder nach Norwegen, nahm sein Studium wieder auf und war in der Landesgruppe deutscher Gewerkschafter aktiv.

Als er im Mai 1947 nach Deutschland zurückkehrte, nahm Herbert Wehner ihn zunächst bei sich auf. Nach seinem Eintritt in die SPD wurde Blachstein Redakteur beim „Hamburger Echo", übernahm bereits 1948 den Vorsitz des SPD-Kreises Eimsbüttel und man wählte ihn in den Landesvorstand. Seit 1949 Bundestagsabgeordneter wurde er 1954 Mitglied des Fraktionsvorstandes, dem er bis 1968 angehörte. Blachstein setzte sich leidenschaftlich für die Westeuropäische Union ein und war Mitglied der Beratenden Versammlung.

Peter Blachstein

Blachstein blieb ein Linker, er wollte verändern. Er gehörte, im Gegensatz zu Wehner, zu denen, die scharfe Kritik am Godesberger Programm übten. Er scheute auch nicht den Konflikt mit dem Vorstand der Partei. Nach der verlorenen Bundestagswahl probte er zusammen mit Hellmut Kalbitzer in der Fraktion den Aufstand gegen den Fraktionsvorsitzenden Ollenhauer, indem sie erreichten, dass sein Stellvertreter Wilhelm Mellies, der seit 1953 dem Fraktionsvorstand angehörte, gegen das Votum Ollenhauers abgewählt wurde. Blachstein dazu: „Es darf bei uns nicht einreißen, dass gewählt zu werden gleichbedeutend ist mit dem Anspruch, immer wieder gewählt zu werden."[35] Das war nur das Vorspiel zur Revolte der Delegierten bei dem Parteitag im Mai 1958, bei der die Delegierten Ollenhauer und der Bonner „Baracke" die rote Karte zeigten, an ihrer Spitze Wehner, Kalbitzer und Blachstein. Mit ihnen hatten nicht wenige erkannt, dass eine Reform der Partei überfällig war.
Peter Blachstein war bis 1968 in seinem ‚roten' Wahlkreis Eimsbüttel auch innerhalb der Partei unangefochten. Er galt als das „linke Gewissen" der Partei, hatte Diktaturen in Spanien und Griechenland angeprangert, die „Weltweite Partnerschaft" gegründet. Selbst seinen nicht unerheblichen Anteil am Rücktritt[36] des beliebten Bürgermeisters Paul Nevermann – auch dieser war ein ehemals politisch Verfolgter – nahm ihm sein Kreis nicht übel.

Im Mai 1968 allerdings legte Blachstein sein Mandat nieder, nachdem ihn Willy Brandt zum ersten Botschafter der Bundesrepublik in Jugoslawien bestellt hatte. Er

35 http://www.spiegel.de/spiegel/print/d-41759773.html 45/1957, abgerufen 6.11.2012
36 Bürgermeister Nevermann wurde vor die Alternative gestellt, zurückzutreten oder seine neue Lebensgefährtin zu verlassen und zu seiner Ehefrau zurückzukehren. Es war Blachstein, der am heftigsten den Rücktritt forderte: „Die Partei könne sich nicht über Moralvorstellungen hinwegsetzen. Permanenter Ehebruch könne nicht vereinbart werden mit dem höchsten Amt in dieser Stadt." Zitiert bei: Oldenburg, Christel: (Anm. 33), S. 603

gab den Botschafterposten aber aus Gesundheitsgründen, wie er sagte, bereits im Juni wieder auf. Damit brüskierte er nicht nur seinen alten Mitkämpfer Willy Brandt. Zu diesem Zeitpunkt hatte sein Kreisverband schon einen anderen Kandidaten für den Bundestag ins Auge gefasst, den Dozenten Willi Nölling. Blachstein, der 17 Jahre im Bundestag gewesen war, wollte wiedergewählt werden. Tatsächlich wurde er im Kreis wieder nominiert, scheiterte jedoch auf dem Landesparteitag am 9. März 1969 nach drei dramatischen Abstimmungen.[37] Seine Vorwürfe, eine Kampagne aus „antisemitischen Motiven“ sei gegen ihn angezettelt worden, hatte nicht gewirkt – denn kaum jemand wusste, dass Blachstein jüdischer Herkunft war.

Herbert Pardo, Rechtsanwalt in Hamburg, musste die Nationalsozialisten doppelt fürchten: als linker Sozialdemokrat, aktives Mitglied des Reichsbanners Schwarz-Rot-Gold, als Jude und Mitglied des Zionistischen Verbandes. Seine Familie, sephardische Juden, war seit dem 17. Jahrhundert in Hamburg bzw. Altona ansässig. Bis 1933 war er mehrfach Vorsitzender der Portugiesisch-Jüdischen Gemeinde in Hamburg. 1910 wurde er Mitglied der SPD. Als junger Militärhilfsrichter war er im I. Weltkrieg. 1918/1919 gehörte er dem Arbeiter- und Soldatenrat für Groß-Hamburg an.

Herbert Pardo

Er galt als glänzender Strafverteidiger und war als Politiker der SPD 1919-1932 engagiertes – und manchmal unbequemes – Mitglied der Hamburgischen Bürgerschaft. Sein besonders Anliegen war der Strafvollzug, insbesondere Resozialisierung und Jugendstrafvollzug. Erforderliche Anschaffungen im Privatbereich waren – obwohl er es zu erheblichem Wohlstand gebracht hatte – oft nicht möglich, weil er entlassene Gefangene beim Wiedereintritt ins bürgerliche Leben aus eigenen Mitteln unterstützte. Er verließ Deutschland 1933 mit seiner Familie, ein Zeichen seiner Verbundenheit mit der So-

37 *Detailliert dazu: Nölling, Wilhelm, Wieviel Anker braucht der Mensch?, 2. Band, Hamburg 2007, S. 337f*

zialdemokratie, denn später sagte er, als Sozialdemokrat wanderte er aus, als Jude wäre er noch geblieben.
In Israel erlebten sie ein entbehrungsreiches Pionierdasein, ein Bruder verstarb dort. Seine Schwestern Angela und Gertrud kehrten 1938 nach Deutschland zurück und wurden in den Vernichtungslagern ermordet, ein weiterer Bruder war in die USA ausgewandert und nahm sich dort das Leben.

1947 nach Hamburg zurückgekehrt wurde er als Rechtsanwalt wieder zugelassen. In Israel stieß das in den 40er Jahren bis weit hinein in die 50er auf wenig Verständnis.[38]
Als Mitglied im Vorstand der Jüdischen Gemeinde und deren Justitiar hat er in Wiedergutmachungsprozessen politisch und rassisch Verfolgte in ihren Ansprüchen betreut.

In dem Prozess Veit Harlan 1948-1950 gegen Erich Lüth verteidigte er zusammen mit anderen mit Erfolg den Senatspressesprecher, der zum Boykott von Filmen des „Nazi-Regisseurs Nr. 1" aufgerufen hatte, denn Lüth gewann den Prozess vor dem Bundesverfassungsgericht und damit schrieben sie Rechtsgeschichte und setzten Maßstäbe für die Meinungsfreiheit in der jungen Bundesrepublik.[39]
In den 50er Jahren zog er zurück nach Haifa, behielt jedoch die Anwaltspraxis in Hamburg und kam halbjährlich zurück. Als 1971 die Zeit der endgültigen Heimkehr nach Israel nahte, fiel ihm das sehr schwer. Immer noch zögerte er, ging immer wieder allein durch die Hamburger Straßen oder fuhr mit der Straßenbahn ziellos hin und her.[40] Er starb in Israel 1974.

Die Rückkehr nach Deutschland bedeutete für diese Emigranten die Rückkehr in ein Land, das sie heimatlos gemacht, ja verfolgt hatte, aber auch in das Land, in dem sie aufgewachsen und in dem sie für Sozialismus und Demokratie gekämpft hatten – dafür wollten sie weiter arbeiten. Die Rückkehr nach Hamburg bedeutete mehr. Elsbeth Weichmann hat es so ausgedrückt: „Hier ist alles ein bisschen anders als sonst in Deutschland. Hamburg ist nicht nur eine ästhetische, schöne Stadt, es ist die Tradition der Weltoffenheit, die stärker ist als jede Strömung von Politik, Mode, Gesellschaft."[41]

38 Meron Mendel: Compensation versus Repatriation: West Germans and Israeli Perspectives: "In the press, the returnees were depicted as people, who betrayed the Jewish solidarity and the Zionist idea, to which they owned their lives. Furthermore, they were presented as greedy and human beings with low morals, lacking any sense of dignity or gratitude." in Migration and Remigration: Jews in Germany after 1945, Int. Conference 2003 http://bucerius.haifa.ac.il/migration.html abgerufen 21.09.2012
39 Pardo, H. / Schiffner, S. / van Dam, H.G.: Jud Süss. Historisches und juristisches Material zum Fall Veit Harlan, Auerdruck Hamburg 1949
40 Wesentliche Teile über Herbert Prado wurden übernommen aus: Bezirksamt Bergedorf (Hrsg.), Steigleder, Otto: „Straßennamen in Allermöhe-West. Lebensgeschichten", Hamburg-Bergedorf o.D., S. 20f ; sowie Studemund-Halévy, Michael: Pardo, Herbert Joseph, in: Das Jüdische Hamburg. Ein historisches Nachschlagewerk. Wallstein-Verlag, Göttingen 2006, S. 205f http://www.dasjuedischehamburg.de/inhalt/pardo-herbert-joseph abgerufen 12.08.2012, und Franklin Kopitzsch/Dirk Brietzke (Hrsg.): Hamburgische Biografie-Personenlexikon, Band 2, Göttingen 2006, S. 315
41 Hamburg nahm Abschied von Elsbeth Weichmann" in: Hamburger Abendblatt vom 19. Juli 1988, S.3 s.a. http://de.wikipedia.org/wiki/Elsbeth_Weichmann abgerufen 22.9.2012

3. Hamburg als neue Heimat für geflüchtete Sozialdemokraten

Durch die Bombardierung Hamburgs im Juli/August 1943 war halb Hamburg – 61 % des Wohnungsbestandes – zerstört worden, es waren die bis dahin schwersten Angriffe in der Geschichte des Luftkrieges. Fast eine Million Hamburger floh, viele wurden evakuiert, vor allem nach Bayern, Ostdeutschland, Polen. Schon im Oktober 1944, als die Rote Armee begann, Ostpreußen zu erobern, versuchten die meisten sogenannten „Butenhamburger" zurück in ihre Heimatstadt zu kommen und je weiter die Ostfront nach Westen rückte kamen noch mehr Flüchtlinge aus dem Osten nach. Schon im November 1944 war Hamburg „Brennpunkt des Wohnungsbedarfs" geworden und die Behörden versuchten, mit Wohnraumzwangsbewirtschaftung den Zuzug zu steuern – dennoch versuchten Zigtausende eine Genehmigung zu erhalten. Im Februar 1945 beantragten täglich 5-6000 Menschen eine Zuzugsgenehmigung. Durch die Vertreibungen aus Ostdeutschland und anderen Gebieten wurde das Flüchtlingselend noch verschärft, das Ausmaß dieser Aussiedlungen wurde erst im Laufe des Jahres 1945 deutlich. Kranke und elende Menschen mussten in provisorischen Lagern untergebracht werden. Senator Heinrich Eisenbarth 1948: „Die Not dieser Menschen überstieg alles bisher Dagewesene und Erlebte."[42]

Nissenhütten Barmbek

Da die Elbbrücken nur mit Genehmigung überquert werden konnten um den Zuzug zu bremsen, stauten sich große Trecks mit zeitweilig mehr als 200.000 Menschen südlich der Elbe. Lediglich Jugendliche wurden generell in Hamburg aufgenommen und Personen, die einen „Mangelberuf" ausübten. Dennoch, halb Deutschland war unterwegs, Flüchtlinge und Vertriebene, Heimkehrer, Menschen, die ihre Familien suchten, sogenannte Displaced Persons, die aus Lagern entlassen worden waren. So heißt es am 22.7.1945 über die Zustände im Biberhaus (Sozialbehörde) am Hauptbahnhof: „...in der letzten Woche nächtlicherweise im Bieberhaus 500-700 Personen aufhältlich gewesen, die auf Treppenstufen, Büroräumen usw., erheblich Unordnung in das

42 Zitiert aus „"Neues Hamburg" von 1949, bei Glensk, Evelyn/ Bake, Rita/ Oliver von Wrochem: Die Flüchtlinge kommen. Ankunft und Aufnahme in Hamburg nach dem Kriegsende, Hg. Landeszentrale für politische Bildung, Hamburg 1998

Gebäude gebracht...haben."[43] In Turnhallen, Lagern, Heimen und sechs Bunkern lebten ganze Familien monate- zum Teil jahrelang. Die gesundheitliche Verfassung war schlecht, Typhus, und – verursacht durch die häufigen Vergewaltigungen in den Ostgebieten – Haut- und Geschlechtskrankheiten grassierten.

Flüchtlingslager Große Allee

Im November 1945 begann man mit dem Bau der Nissenhüttenlager. Dann kam der Winter 1946/47, mindestens hundert Menschen erfroren in Hamburg. In Hamburg standen nach den amtlichen Statistiken jedem Menschen durchschnittliche 4 qm zur Verfügung – häufig hatten mehrere Menschen nur ein Bett, kaum Waschmöglichkeiten, keine eigene Kochstelle. Und das nahm kein Ende.
Noch 1951 lebten 14.000 Personen in diesen Nissenhütten, 65 % von ihnen waren Flüchtlinge/Vertriebene, sogar im Jahre 1953 hausten noch 148.000 Menschen in Hamburg in Bunkern, Nissenhütten, Kellern und Ruinen.[44] Spricht man heute, im 21. Jahrhundert, in Hamburg von „Wohnungsnot", so ist das ein Mangel an historischem Wissen und der Vorstellung, was das wirklich heißt.

Flüchtlinge: „...sie haben ihre politische Heimstätte, die deutsche Sozialdemokratie, behalten."

Die Historikerin Evelyn Glensk weist mit Recht darauf hin, dass sich in der von der Militärregierung ernannten Bürgerschaft kein Flüchtling befand, in der ersten gewählten Bürgerschaft waren, soweit bekannt, drei: der Königsberger Rechtsanwalt Linus Kather (CDU) (ehemals Zentrum, später Gesamtdeutscher Block/Bund der Heimatvertriebenen und Entrechteten, 1969 Mitglied der NPD), Albert Drews (SPD). Außerdem Gerhard Brandes (SPD), der bis 1933 leitender Sekretär des Ortsausschusses des Allgemeinen Deutschen Gewerkschaftsbundes (ADGB) und dessen Rechtsauskunftstelle in Königsberg gewesen war.

Gerhard Brandes (*1902)[45], gebürtiger Leipziger, hatte eine Lehre als Anwaltsgehilfe gemacht, war bereits in jungen Jahren Mitglied der SAJ und der SPD geworden. Schon mit 19 Jahren wurde er SAJ-Sekretär, wechselte dann als ADGB-Sekretär nach Greiz, wo seine Frau Charlotte, ebenfalls aktives SPD-Mitglied, zur Stadtverordneten gewählt wurde.
Brandes hatte als SAJ Sekretär vielfache Kontakte, auch durch die Jugendtage der SAJ. Es steht außer Zweifel, dass er in diesem Zusammenhang die Hamburger Max Westphal (1922-1927 Vorsitzender der SAJ) und Erich Ollenhauer, zunächst ab 1922

43 Glensk, Anm. 42, S. 25
44 Glensk, Anm. 42, S. 66
45 Nach Informationen über seine Vita von Marianne Monden – s. Datenbank AvS und Auskünfte 19.8.2012 sowie Matull, Wilhelm, Ostpreußens Arbeiterbewegung. Geschichte und Leistung im Überblick, Würzburg 1970

Sekretär der SAJ, dann Westphals Nachfolger, kennen lernte.
In diesen beiden Jahren zwischen 1931 und 1933 machte sich Brandes neben seiner Gewerkschaftsarbeit auch durch Artikel zur Sozial- und Tarifpolitik in der „Königsberger Volkszeitung" einen Namen. In aller Schärfe und mit eindrucksvollen Fachkenntnissen geißelte er die Politik des Reichskanzlers Heinrich Brüning.

Gerhard Brandes in Planten u. Blomen

1933 verlor er seine Arbeit und wurde unter dem Verdacht illegaler Parteiarbeit von Juli bis Ende September in Schutzhaft gehalten. Es gelang ihm, sich als Helfer in Steuersachen selbständig zu machen, obwohl er jede Reise außerhalb Königsbergs bei der Polizei anmelden musste. Brandes nutzte seine Tätigkeit, um zusammen mit weiteren Königsberger Sozialdemokraten, zu denen auch Alfred Metz, Arthur Mertins, Max Sommerfeld und andere gehörten, Informationsmaterial zu beschaffen, Kontakte aufrecht zu erhalten, Gelder für Verfolgte zu sammeln. Anlässlich des Hitler-Besuchs in Königsberg 1936 wurde er erneut für drei Tage inhaftiert. Nach dem Hitler-Attentat wurde am 22. August 1944 nicht nur Gerhard Brandes zusammen mit anderen früheren Gewerkschaftssekretären verhaftet, sondern auch seine Ehefrau. Beide verbrachten den schweren Bombenangriff auf Königsberg am 30. August 1944 in einer Zelle des Polizeipräsidiums, ohne dass Schutzvorkehrungen für die Inhaftierten getroffen wurden. Charlotte Brandes wurde am 1. September aus der Haft entlassen, ihr Mann vier Tage später. Die Wohnung und die Geschäftsräume der Familie waren beim Bombenangriff zerstört worden.

Es gelang ihm, seine Ehefrau und den 17-jährigen Sohn Peter rechtzeitig vor der Umkesselung Ostpreußens nach Westen zu bringen. Mit einigen guten, privaten und sozialdemokratischen Freunden floh er auf einem Lastwagen in „letzter" Minute im Februar 1945 nach Hamburg. Dort angekommen gelang es ihm offenbar, Kontakt mit den ehemaligen SAJlern und Gewerkschaftskollegen aufzunehmen, denn trotz der Zuzugssperre erhielt er in Hamburg eine Wohnung, sehr zentral An der Alster 71, und konnte sich schon Mitte 1945 als Steuerberater selbständig machen. Beide, Brandes und seine Ehefrau, wurden wieder in der SPD aktiv und schon bald machte Brandes sich einen Namen als Experte für Flüchtlingsfragen und Soziales. Am 13. Oktober

1946 wurde er Mitglied der 1. gewählten Bürgerschaft, wo er innerhalb kurzer Zeit als Vorsitzender des Flüchtlingsausschusses maßgeblich die organisatorischen, finanziellen und, dank seiner Kenntnisse, steuerlichen Hilfs- und Ausgleichsmaßnahmen und weitere Gesetze für Flüchtlinge und Vertriebene mit gestalten konnte. Als zunehmend Flüchtlinge aus der damaligen Sowjetischen Besatzungszone (SBZ) nach Hamburg kamen, setzte er sich dafür ein, diese insbesondere steuerlich mit den aus den Ostgebieten Vertriebenen, Kriegsgeschädigten und Ausgebombten gleichzustellen.[46]

Bereits der erste Parteitag der SPD 8.-11.5.1946, dem Brandes als Delegierter allerdings nicht angehörte, hatte einen Gruß an die Ostflüchtlinge und die sudetendeutschen Genossen einstimmig angenommen: „Sie haben viel verloren, aber sie haben ihre politische Heimstätte, die deutsche Sozialdemokratie, behalten. Nun seien sie aufgerufen, an ihren neuen Wohnsitzen in der alten Partei mitzuarbeiten."
Die Flüchtlingsfrage war Gegenstand einer besonderen Entschließung. Die Partei betrachte es als ihre besondere Pflicht, sich dieser Verlassenen anzunehmen. Im Juni spätestens werde eine besondere Konferenz von Vertretern der Flüchtlinge, die der SPD angehörten, stattfinden, in der alle Fragen zu diesem Thema eingehend behandelt werden sollen. Es dürfe nicht bei Worten und Erklärungen sein Bewenden haben.
1948 hatte die Hamburger SPD ein Flüchtlingssekretariat für die Arbeitsgemeinschaft sozialdemokratischer Flüchtlinge eingerichtet, ein Flüchtlingsbauausschuss wurde gebildet, Versammlungen und Großkundgebungen organisiert. Mit Hilfe von Veranstaltungen in Bunkern und Lagern wurde ein Vertrauensmännersystem aufgebaut. Über diese Arbeitsgemeinschaft konnte man unter den Flüchtlingen mehr als 3000 Genossen und Genossinnen erfassen, viele arbeiteten ehrenamtlich bei der Arbeitsgemeinschaft mit und übernahmen Funktionen in Distrikten und Bezirken.

Brandes blieb Bürgerschaftsabgeordneter für seinen Wohndistrikt St. Georg bis 1974, von Juni 1965 bis April 1970 war er Senator der Finanzbehörde und von 1970 bis 1974 Vorsitzender der Bürgerschaftsfraktion. In seiner Zeit als Finanzsenator wurden für die Stadt weit reichende Entscheidungen getroffen, dazu gehörten der Ausbau des Messewesens, die Planung des Congress-Centrums, das Bäderprogramm der Wasserwerke und die Einführung der Allgemeinen-Daten-Verarbeitung (ADV). Für seine Verdienste wurde Brandes mit der Bürgermeister-Stolten-Medaille geehrt. Seine Frau Charlotte war Abgeordnete im Bezirk Mitte, lange Zeit im Distriktvorstand und Kreis- und Landesdelegierte. Nach ihrem Tod heiratete Brandes seine Königsberger Weggefährtin, mit ihr hatte er gleich nach Kriegsende die Steuerberaterpraxis aufgebaut. Beide wohnten wieder An der Alster 71. Brandes starb 1999, noch in hohem Alter nahm er regelmäßig an den Landesparteitagen teil, verfolgte aufmerksam die Diskussionen.

Ein Freund und Mitkämpfer von Gerhard Brandes beim Königsberger Widerstand war **Arthur Mertins** (*1898). Dieser ging einen ähnlichen Weg. Mertins stammte aus einer der führenden sozialdemokratischen Familien in Königsberg, sein Vater Ferdinand gehörte zu denen, die die Königsberger Arbeiterbewegung geprägt hatten, als Redakteur der Königsberger Volkszeitung, dann Vorsitzender der Königsberger freien Gewerkschaften, Stadtverordneter und Mitglied des Landtags 1921-1933. Arthurs Schwester Hertha, ebenfalls in der SPD aktiv, kümmerte sich in der Zeit ab 1933 um den ehemaligen Fraktionsvorsitzenden und Vorsitzenden der Königsberger SPD, den

46 10. Sitzung 1950, S. 359f

jüdischen Armenarzt Alfred Gottschalk bis zu seinem Tod am 1. September 1942.[47]

Arthur Mertins

Arthur Mertins, aktives Mitglied der SAJ, wurde schon 1915 eingezogen, im Krieg verwundet und brachte es bis 1918 zum Feldwebel. Er besuchte nach dem I. Weltkrieg das Lehrerseminar und war zwischen 1920 und 1933 Vorstandsmitglied der Freien Lehrergewerkschaft Ostpreußen, arbeitete als Volksschullehrer zunächst in Gutenberg, von 1930-1933 in Mülhausen bei Königsberg und studierte nebenbei Philosophie, Psychologie und Pädagogik. In Gutenfeld war er Mitglied des Gemeinderats und stellvertretender Bürgermeister, außerdem Mitglied des Kreistags des Kreises Königsberg. 1925-1933 gehörte er dem Bezirksvorstand Ostpreußen der SPD an. 1929-1930 war er Mitglied des Reichstags für den Wahlkreis I. Am 5. März 1933 wiederum in den Reichstag gewählt, gehörte er zu denen, die gegen das sogenannte ‚Ermächtigungsgesetz' – Grundlage der NS-Diktatur – stimmten.
Wie viele andere wurde er sofort aus dem Staatsdienst entlassen, wurde verhaftet und war bis 1936 arbeitslos. Er betätigte sich danach als Grundstücksmakler, wurde 1939 sofort eingezogen und war 1945 Hauptfeldwebel bei der Wehrmacht. Er flüchtete, wurde schon im Oktober 1945 Mitbegründer des SPD-Kreisvereins Bad Segeberg und bis zu seiner Frühpensionierung 1947 Schulrat des Kreises Osterholz bei Bremen. Die nächsten beiden Jahre arbeitete er als Bezirksparteisekretär für den damals noch existierenden SPD-Bezirk Hamburg-Nordwest.[48] Zugleich war er Mitglied des SPD-Bezirksvorstands und des kommunalpolitischen Beirats des zentralen SPD-Parteivorstands; 1953-1963 Redakteur der Zeitschrift „Der vertriebene Bauer" und Mitarbeiter an der SPD-Korrespondenz „Bonner Depesche".[49]
Mertins war ein engagierter Kommunalpolitiker. Schon im Jahre 1946 veröffentlichte er eine Broschüre zur Kommunalpolitik, mit Vorschlägen zur Verwaltungsreform, zum Steuer- und Haushaltsrecht und zu weiteren Fragen. Er starb 1979 in Otterndorf.

Alfred Metz 1954

Auch **Alfred Metz** [50], (*1900), war wie Mertins Bezirksvorsitzender der SAJ gewesen. Er stammte aus einer Arbeiterfamilie und besuchte nach dem Umzug der Familie von Pillau nach Königsberg die dortige Volksschule. Jeweils der Primus der Klasse wurde er von seinem Lehrer für die Fortbildungsschule empfohlen, doch nachdem Vater und Bruder 1914 eingezogen wurden, begann er stattdessen eine Lehre als Maschinenbauer bei der Union-Eisengießerei. Schon unmittelbar nach der Lehre hatte er andere Lehrlinge und französische Kriegsgefangene anzuleiten und dank seiner guten Leistungen reklamierte ihn der Betrieb, d.h. er wurde vom Wehrdienst frei gestellt.

Mit 15 Jahren trat er der Sozialistischen Arbeiterjugend bei, baute eine Gruppe auf und organisierte als Vorsitzender Vortrags- und Spieleabende. Sein zwei Jahre älterer Bruder war 1916 bei der Schlacht um Verdun gefallen.

47 Bericht Hertha Mertins in: Matull, Wilhelm, (Anm. 45), S.43f
48 Der Bezirk Hamburg-Nordwest umfasste Hamburg u Bremen sowie den Regierungsbezirk Stade, wurde 1964 aufgelöst, seitdem gibt es die selbständige Landesorganisation Hamburg.
49 Angaben aus: Datensatz aus der Online-Datenbank: biosop.zhsf.uni-koeln.de abgerufen 23.10..2012 Wilhelm Heinz Schröder: Sozialdemokratische Parlamentarier in den deutschen Reichs- und Landtagen 1867-1933 sowie Matull, Anm. 45
50 Alle folgenden Informationen mit wenigen Ausnahmen und Änderungen von: Familie Raloff, Metz-Nachlass

Als er Flugblätter gegen den Krieg verteilte, wurde er kurzzeitig inhaftiert – was man ihm offensichtlich in seinem Betrieb nicht übel nahm.
Als er wegen der Wirtschaftskrise 1922 arbeitslos wurde, entsandte ihn die SPD zur Aus- und Fortbildung in die Heimvolkshochschule Tinz. Wiederum wurde er Klassenprimus und hielt selber dort Vorträge. Nach seiner Rückkehr nach Königsberg wurde er zunächst von der Partei zusammen mit anderen Arbeitslosen beauftragt zu helfen, die jüdischen Geschäfte der Stadt vor Übergriffen Rechtsradikaler im Anschluss an die Ermordung Rathenaus zu schützen. Ob diese Tätigkeit erfolgreich war ist zweifelhaft, sie führte aber dazu, dass er von den dankbaren Inhabern eingekleidet wurde.

Nach dem Ende der Inflation wurde Alfred Metz als Jugendsekretär der SPD eingestellt, er erhielt ein Gehalt von 150 RM monatlich, das nach seiner Eheschließung im Jahre 1926 auf 200 RM erhöht wurde. Bald wurde er „Jugend- und Parteisekretär", danach Parteisekretär. Er bereiste in dieser Eigenschaft ganz Ostpreußen um Versammlungen abzuhalten, zunächst mit der Bahn und mit dem Fahrrad, später auch mit einem parteieigenen Auto. Die langen Fahrten mit dem unbeheizten PKW führten zu einer Erfrierung, so dass ihm 1932 das rechte Bein unterhalb des Knies amputiert werden musste.

Nach dem Verbot der SPD 1933 geriet Alfred Metz unter Polizeiaufsicht mit häufigen Hausbesuchen der Gestapo, zumal seine Frau einen kleinen Lebensmittelladen übernommen hatte, um die Familie über Wasser zu halten, der sich sehr schnell zum Treffpunkt der Sozialdemokraten entwickelte. Diese Gruppe, deren Mitglieder sich zumeist schon aus der SAJ kannten, versuchte, Materialien zu verteilen, für Familien Verhafteter zu sammeln und anderes mehr.[51] Zu ihnen gehörten u.a. Wilhelm Matull[52], Paul Schulz[53], das Ehepaar Bludau,[54] Gerhard Brandes, Max Sommerfeld und Albert Drews[55] und einige mehr . Drews vermittelte ihm nach dem Untergang des Ladens 1936 auch einen Arbeitsplatz bei der Gruppenfahrbereitschaft der Genossenschaft „Arbeitsgemeinschaft des Deutschen Fuhr- und Kraftfahrgewerbes" in Königsberg, deren Vorstandmitglied und Geschäftsführer Drews war.

Was zunächst ein Fluch zu sein schien, erwies sich später als glücklicher Umstand: Beim Kriegsausbruch wurden auch in Königsberg am 1.9.1939 alle politisch Unzuverlässigen, insbesondere natürlich die früheren hauptamtlichen Mitarbeiter der SPD inhaftiert. Da einige verstorben oder schwer erkrankt waren, blieb nur noch Alfred Metz nach, an den sich die Gestapo halten konnte und der verdächtigt wurde, Leiter der sozialdemokratischen Konspiration zu sein. Er kam ins KZ Hohenbruch, wurde dort aber nicht misshandelt, weil man seine Beinamputation für eine Kriegsverletzung aus dem I. Weltkrieg hielt, er wurde zum Kalfaktor gemacht und im Februar 1940 wieder entlassen. Ab 1.11.1940 war er dann bei Albert Drews tätig. Ab 1.10. 1942 wurde er in ein Arbeitsverhältnis beim Oberpräsidenten – Bevollmächtigter für den Nahverkehr – übernommen. Dort war er stellvertretender Gruppenfahrbereit-

51 Detailliert dazu Bericht Sommerfelds in: Matull, (Anm. 45), S. 124
52 Wilhelm Matull (Redakteur der Königsberger Volkszeitung, Vors. SAJ 1925, Schutzhaft 1933, Arbeit Schichau-Werft, Verhaftung, Volkssturm 1945, später Hannover u. NRW, Forschungen u. Veröffentlichungen zur Ostdeutschen Arbeiterbewegung u.a.m. Nachlass: http://www.fes.de/archiv/adsd_neu/inhalt/nachlass/nachlass_m/matull-wi.htm
*53 Paul Schulz (*1899) bis 1922 Bezirksführer der Sozialistischen Proletarier-Jugend; 1919-1925 kaufmännischer Angestellter und Bankbeamter in Königsberg; 1925-1933 Redakteur der „Freien Presse" in Elbing, Mitglied des Landtags Preußen 1932-1933, März 1933 Haft; nach 1945 vermutlich in Berlin wohnhaft, siehe http://biosop.zhsf.uni-koeln.de/biosop_db/biosop_db.php abgerufen 23.10.2012*
54 Gustav Bludau wurde aufgrund einer Denunziation 1944 hingerichtet, siehe Matull (Anm. 45), S. 128
*55 Drews, Albert, (*1895), Hauptamtlicher Sekretär des Fabrikarbeiterverbands*

schaftsleiter[56] für Ostpreußen bis zum Ende des Krieges. Im Februar 1945 gelang ihm die Flucht auf einem der „Wilhelm Gustloff" nachfolgenden Schiffe in den Westen, wo er auch seine Angehörigen wiederfand.

Schon im August 1945 wurde er mit der Gruppenfahrbereitschaft in Hamburg betraut, wurde aber ab Juli 1947 bis zu seinem Ruhestand im 69. Lebensjahr Geschäftsführer des Verbandes für das Güternahverkehrsgewerbe in Hamburg. Die Königsberger Skatrunde mit Gerhard Brandes wurde in Hamburg fortgesetzt.

Verband für das Güternahverkehrsgewerbe Hamburg e.V.

2 Hamburg 13, Hallerplatz 5, Telefon 44 90 37/38

Anzeigenannahme: Günther W. Reichert. 2 Hamburg 52, Groß Flottbeker Straße 36, Telefon 89 26 14

Alfred Metz

Geburtstag und Abschied vom Verband für das Güternahverkehrsgewerbe Hamburg e. V.

Am 29. September 1969 trat Alfred Metz in sein 70. Lebensjahr. Die letzten drei Jahrzehnte davon hat er dem Güternahverkehrsgewerbe gewidmet. Stets stand er an den Brennstellen des Geschehens und griff überlegt mit kräftiger Hand in die Speichen und der Wagen rollte vorwärts.

Im Jahre 1900 in Pillau geboren verkörpert Alfred Metz das Urbild seiner ostpreußischen Heimat. Im Kampf mit der rauhen Natur des deutschen Ostens, den immerwährenden Auseinandersetzungen im politischen Grenzbereich wuchs die stete Einsatzbereitschaft, Beharrlichkeit und das Durchsetzungsvermögen. Sein in und an der Natur geschultes offenes Auge unterscheidet schnell Wesentliches vom Unwesentlichen. Er zeichnete sich aus durch die Fähigkeiten, gesetzliche Realitäten zu erkennen und sie lebensnah in der Praxis zu verwerten. Die Aufgeschlossenheit gegenüber allem Schönen im Leben zeichnet seine Menschlichkeit und macht ihn für alle liebenswert. Sein Wissensdurst, unterstützt durch schnelle Auffassungsgabe und ein gutes Gedächtnis, ließen Alfred Metz sehr schnell in allen Bereichen des Fuhrgewerbes zu einem allerseits geschätzten Experten werden, die gern mit ihm zusammenarbeiteten, seinen Rat hörten und mit ihm Lebensfreude genossen. So wurde Alfred Metz zum personifizierten Good will des Hamburger Güternahverkehrsgewerbe. Mit seinem 69. Lebensjahr schaut er auf eine 30 jährige arbeits- und erfolgreiche Tätigkeit im Verkehrsgewerbe zurück und übergibt die Aufgaben der Jugend, der er stets als früheres, begeistertes Mitglied der Jugendbewegung besonders verbunden war und mit der er bis zum heutigen Tage jung geblieben ist.

Am 29. September 1969 – seinem Geburtstag – verabschiedete sich Alfred Metz vom Gewerbe. Im altgewohnten Kreise sagten nochmals in lebensfroher Art und würdigem Rahmen Kollegen, Mitarbeiter und Freunde Dank und Anerkennung an die Persönlichkeit des Hamburger Güternahverkehrsgewerbes Alfred Metz.

Alfred Metz - Abschied

Betrachtet man den Lebenslauf von **Max Sommerfeld**[57] (*1905), so sind Ähnlichkeiten mit den Lebensläufen anderer Sozialdemokraten aus den Jahrgängen Anfang des 20. Jahrhunderts auffallend. Mit einer Ausnahme allerdings: Sommerfeld war Vollwaise und nach Abschluss der Volksschule in Preußisch-Stargard durchlitt er bei seinen Pflegeeltern harte Lehrjahre als Gärtner. Kein Wunder, dass er nach seiner Lehrzeit als junger Gärtner im Jahre 1923 in Danzig den Generalstreik unterstützte und danach als Vorsitzender seines Berufsverbandes den Neuaufbau in der Ortsverwaltung Danzig in Angriff nahm. Seit 1923 auch in der SAJ sprach er bald auf Werbe- und Jugendversammlungen. 1925 trat er in die SPD ein und wurde auch dort aktiv. Vom Allgemeinen Deutschen Gewerkschaftsbund (ADGB) mit einem Stipendium gefördert, konnte er ab 1927 fast ein Jahr an einem Lehrgang der Staatlichen Fach-

56 Gruppenfahrbereitschaften wurden 1946 in Straßenverkehrshauptämter umbenannt. Es fällt auf, wie oft in Lebensberichten die Verkehrsbetriebe und andere Unternehmen im Bereich der Transportarbeitergewerkschaft von ehemals politisch Verfolgten als Arbeitgeber in der Zeit nach 1933 und als Rettung vor der Einberufung in die Wehrmacht genannt werden.

57 Die Angaben nach Sommerfelds eigener Darstellung seines Lebenslaufs für Franz Osterroth vom 22.7.1949 sowie Matull, Wilhelm/ Sommerfeld, Max: Der Anteil der ostpreußischen Arbeiterbewegung am Widerstand gegen den Nationalsozialismus, in: Jahrbuch der Albertus-Universität, XVII. Würzburg 1967

schule für Wirtschaft und Verwaltung in Berlin teilnehmen. 1929 wurde er zum Gewerkschaftssekretär seines Verbandes in Königsberg bestellt und wechselte bald in den Gesamtverband der Arbeitnehmer Öffentlicher Betriebe des Personen- und Warenverkehrs. Neben weiteren Aufgaben trat er in Wahlversammlungen der SPD auf und leitete 1931/32 als Vorsitzender den Ortsverein Königsberg des Reichsbanners Schwarz-Rot-Gold – das konnte gerade in Ostpreußen in diesen Jahren lebensgefährlich sein.

Wegen der Wirtschaftskrise wurde Max Sommerfeld im Januar 1933 nach Lübeck versetzt und sprach noch im März bei einer Veranstaltung in Schlutup für den erkrankten Fritz Solmitz (ermordet im Sept. 1933 im KZ Fuhlsbüttel). Nach der Besetzung des Gewerkschaftshauses kündigte er seine Stellung und ging zurück nach Königsberg – ein Glücksfall für die illegale Arbeit, denn die dortige NSDAP hatte ihn aus dem Auge verloren, er entging den ersten Verhaftungen und konnte seinen Auslandspass einsetzen. Er berichtete: „So war ich der erste, der mit den Genossen in der Freien Stadt Danzig in Verbindung treten konnte. Wertvolles politisches Informationsmaterial, unter anderem auch die Miniaturausgaben des Neuen Vorwärts gelangten über den Seedienst aus Danzig nach Ostpreußen und kursierten in den Zirkeln verlässlicher Genossen. Der zunehmende Gestapodruck setzte der illegalen Arbeit in Ostpreußen ein Ende. Risiken und Chancen standen dabei in keinem Verhältnis. Als wertvoller Gewinn verblieb die Charakterstärke weniger Sozialisten, die genau wussten, was sie voneinander zu halten haben."

Max Sommerfeld

1939 wurde er eingezogen, wurde jedoch vom Wehrdienst 1941 frei gestellt, da er „mit Unterstützung alter politischer Freunde" in der Straßenverkehrsgenossenschaft Königsbergs, aus der sich die Fahrbereitschaft (s. Anm. 56) entwickelte, Einsatzleiter für lebenswichtige Straßentransporte wurde. Nachdem bei Kriegsende im Februar die Rote Armee Ostpreußen eingeschlossen hatte, konnte er über die Ostsee Königsberg verlassen, fand seine Familie in Pommern und gelangte nach Reinbek in Holstein. Hier war das Flüchtlingselend besonders groß, denn über 200.000 Hamburger Ausgebombte waren schon vorher nach Schleswig-Holstein gebracht worden. Im Oktober 1946 lebten dort fast 2,7 Millionen Menschen - 63 Prozent mehr als noch im Jahr 1939 und noch immer kamen Tausende Vertriebene.

Sommerfeld hat offenbar sofort Verbindung zu den ehemaligen Königsbergern in Hamburg aufgenommen. Er schreibt: „Angeregt durch die Initiative Königsberger Flüchtlinge in Hamburg berief ich im November 1945 die erste von der Militär-Regierung genehmigte Flüchtlingsversammlung nach Reinfeld ein. Die entstehende Notgemeinschaft der Ostdeutschen in Hamburg wurde von der Besatzungsmacht wieder verboten. Später habe ich mit einer Anzahl Parteifreunde die Zusammenarbeit mit der Flüchtlingsorganisation Dr. Kather in Hamburg gelöst, weil wir den Eindruck hatten, dass persönliche Gruppeninteressen und nicht die Beseitigung des Massenelends im Vordergrund der Organisationsarbeit standen." Nach 1946 vertrat er die Interessen der Flüchtlinge in erster Linie als Flüchtlingsvertreter im Vorstand des Kreisvereins Stormarn der SPD.
Max Sommerfeld nahm an der Bundesversammlung vom 12.9.1949 zur Wahl des

Bundespräsidenten Heuss teil und war von Januar 1954 bis August 1954 als Abgeordneter in den Schleswig-Holsteinischen Landtag nachgerückt. Er arbeitete als Gewerkschaftssekretär in Hamburg, sein damaliger Vorgesetzter, Hans Saalfeld, erinnert sich an ihn als einen leisen, bescheidenen Menschen, der perfekte Arbeitsergebnisse ablieferte, ohne groß Wesens darum zu machen. Seine Anfänge in Danzig und Königsberg schienen der Start für eine große Karriere zu sein, doch wie bei vielen anderen war ein hoffnungsvoller Lebensweg aus der Bahn geworfen. Sommerfeld starb schon im Alter von 62 Jahren.

Albert Drews (*1898) vor 1933 Bevollmächtigter und Sekretär des Fabrikarbeiterverbandes in Ostpreußen, gehörte zu denen, die noch unter dem beginnenden Terror im März den Mut hatten, zu den Kommunalwahlen zu kandidieren. Danach schlug er sich offenbar zeitweise als selbständiger Versicherungsagent durch.[58] Sein Hinweis im Lebenslauf für die Hamburgische Bürgerschaft auf die anschließende Tätigkeit als geschäftsführendes Vorstandsmitglied einer Genossenschaft bezieht sich zweifellos auf die Genossenschaft „Arbeitsgemeinschaft des Deutschen Fuhr- und Kraftfahrgewerbes“ in Königsberg, eine Aufgabe, die es ihm ermöglichte, Sommerfeld, Metz und weiteren Genossen nicht nur Arbeit zu verschaffen, sondern sie durch diese Art „kriegswichtiger“ Tätigkeit vor dem Kriegseinsatz zu bewahren. Drews und die erwähnten Genossen hatten sich möglicherweise abgesprochen, nach Hamburg zu flüchten und dort die alten Kontakte in SPD und Gewerkschaft aufzunehmen. Schon 1945 wurde Drews Vorsitzender des Landesverbandes für das Verkehrsgewerbe in Hamburg und der Arbeitsgemeinschaft Nahverkehr im Bundesgebiet. Er war Mitglied der Bürgerschaft von1946 bis 1949 und von 1951 bis 1953 und dort unter anderem Vorsitzender des Verkehrsausschusses.

Eines fällt nicht nur bei diesen Lebensläufen auf: Auffallend viele der Verfemten und Verfolgten fanden in der NS-Zeit Arbeit und Zuflucht im Bereich Fahrbereitschaften/Straßenverkehr. Offenbar waren die Netzwerke des Transportarbeiterverbandes noch lebendig.

Diese fünf Sozialdemokraten aus Ostpreußen fanden in Hamburg nicht nur die politische Heimat wieder, die alten Verbindungen führten auch dazu, dass sie sich schneller als andere integrieren und heimisch fühlen konnten – war doch Königberg wie auch Hamburg eine Hafen- und ehemalige Hansestadt. Schwerer hatten es Tausende von Flüchtlingen, die in Hamburg gestrandet waren. Zur Beratung und Betreuung hatte die SPD Hamburg am 1. Februar 1948 ein Flüchtlingssekretariat mit einem angestellten Sekretär eingerichtet. Die Arbeitsgemeinschaft sozialdemokratischer Flüchtlinge zählte zu diesem Zeitpunkt 2606 Genossen und 600 Genossinnen. Noch 1952 waren 800 in der Arbeitsgemeinschaft aktiv, darunter mindestens 200, die dort und in der Partei Funktionen innehatten. Die Aufgaben waren nach wie vor vielfältig: Lastenausgleich, Prüfungsausschüsse, Beratung von Flüchtlingen. Als Referenten bei den Versammlungen werden unter anderen auch Brandes und Metz genannt. In Anbetracht der vielen Flüchtlinge, die Funktionen in der Partei innehaben, heißt es in dem Bericht: „Damit wird einmal unter Beweis gestellt, dass es sich bei den Flüchtlingen um alte und aktive Sozialisten handelt und andererseits, dass die Vertriebenen ihre politische Heimat gefunden haben.“[59]

58 *Die Angaben in seinem Lebenslauf für die Hamburgische Bürgerschaft sind sehr knapp gehalten.*
59 *Jahresbericht der SPD-Landesorganisation Hamburg für 1952, S. 20*

4. Die zweite Verfolgung: Ehemals verfolgte Sozialdemokraten fliehen vor NKWD/SED

Unter erheblichem Druck der sowjetischen Besatzungsmacht und der KPD-Führung in der sowjetisch besetzten Zone kam es im April 1946 zu der Vereinigung von KPD und SPD. Sozialdemokraten, die sich dagegen wehrten, wurden unter Druck gesetzt, inhaftiert. Später traf es auch Jugendliche, die ihre Falkengruppen weiter führten und sich der Vereinnahmung durch die FDJ widersetzten.[60] Schon 1946 wurden in allen Ländern der sowjetischen Besatzungszone viele einheitsunwillige Sozialdemokraten verhaftet. Nicht wenige waren darunter, die bereits im KZ gewesen waren. Repressalien reichten von der Bedrohung bis zur Verhaftung und sogar Ermordung. Es kam zu Nötigung und Erpressung, Entzug von Ressourcen, zur Unterwanderung der SPD-Parteiorganisationen ebenso wie zu Bestechung und Karriereversprechungen gegenüber einzelnen Funktionären.
Im Laufe der folgenden Jahre, besonders seit 1948, wurden ca. 5000 Sozialdemokraten in Lagern und Gefängnissen inhaftiert. Selbst Gustav Dahrendorf, von sowjetischen Truppen 1945 aus dem Zuchthaus befreit, Mitglied des Berliner Magistrats und zunächst heftiger Verfechter der Vereinigung von KPD und SPD, verließ im Frühjahr 1946 Berlin, weil er gefährdet schien[61]. Andere „verschwanden" – wie der Polizeimajor Karl Heinrich, SPD, der bereits kurz nach seinem Verschwinden im Herbst 1945 im Speziallager des NKWD verstarb.[62]

Ab 1948 schwoll der Strom politischer Flüchtlinge aus der sowjetisch besetzten Zone an, seit 1949 wurden es immer mehr. Eisenbarth, zuständiger Senator für die Sozialbehörde in der Bürgerschaft 1949: „Wir haben in den kommenden Wochen und Monaten noch einiges an Zuzug in Hamburg zu erwarten...zunächst einmal die Hamburger Rückkehrer. Wir erwarten die Rückkehr von Flüchtlingen aus Polen und der Tschechoslowakei...Wir haben eine größere Anzahl politischer Flüchtlinge aus der Ostzone aufzunehmen, die eigentlich von Tag zu Tag und von Woche zu Woche steigt."[63] Das waren die Auswirkungen der stalinistischen Umorientierung der SED nach der Parteikonferenz im Januar 1949, mit Verhaftungen von Sozialdemokraten wegen „Sozialdemokratismus". 1950 begannen innerhalb der SED „Parteisäuberungen", im Mai 1952 der Bau der 5 km breiten Demarkationslinie zur Bundesrepublik, mit Zwangsumsiedlungen von Tausenden Anwohnern. In Hamburg fielen sogar KPD-Mitglieder wie Franz Heitgres und Willi Prinz, die jahrelang in KZs gewesen waren, den Säuberungen zum Opfer.[64] Die Dimension der Flucht aus der SBZ/DDR wird aus dem Jahresbericht der SPD-Landesorganisation 1952 deutlich. Da heißt es, dass sich in Hamburg insgesamt 240.000 Vertriebene (Flüchtlinge) befinden, „darunter etwa 100.000 Flüchtlinge aus der Ostzone."[65]

60 Vgl. Wickert, Christl: Widerstand und Verfolgung deutscher Sozialdemokratinnen und Sozialdemokraten im 20. Jahrhundert, in: Der Freiheit verpflichtet. Gedenkbuch der deutschen Sozialdemokratie im 20. Jahrhundert, Marburg 2000, S. 382ff
61 Dahrendorf verließ Berlin auf Anraten des deutschstämmigen Amerikaners Ulrich Biel, (siehe „Adenauers Entdecker" in FAZ v. 4.2.2012).
62 Heimann, Siegfried: Karl Heinrich und die Berliner SPD, die Sowjetische Militäradministration und die SED, Friedr.-Ebert-Stiftung, Gesprächskreis Geschichte, Heft 70, http://library.fes.de/pdf-files/historiker/04710.pdf
63 17. Sitzung 1949, S. 587
64 Giordano, Ralph: Die Partei hat immer Recht. Ein Erlebnisbericht über den Stalinismus auf deutschem Boden, Freiburg 1994 sowie Berlin, Jörg: Willi Prinz (1909–1973). Ein Vorsitzender der Hamburger KPD als Opfer des Stalinismus. In: Zeitschrift des Vereins für Hamburgische Geschichte, Bd. 96 (2010), S. 101–139, siehe auch http://de.wikipedia.org/wiki/Willi_Prinz abgerufen 20.9.2012
65 Jahresbericht der SPD-Landesorganisation Hamburg für 1952, S. 20

Die nachstehend geschilderten Lebenswege haben eines gemeinsam: Diese erneut Verfolgten waren seit ihrer frühen Jugend Sozialdemokraten, haben sich gegen den aufkommenden Nationalsozialismus gewehrt und hatten seit 1933 Repressionen und Verhaftungen erlitten. Nach Kriegsende von den West-Alliierten – und auch von den Sowjets – als „Antifaschisten" und unbelastet eingestuft, erhielten sie in der SBZ einflussreiche politische Ämter. Engagiert und gutwillig versuchten sie unter schwersten Bedingungen der notleidenden Bevölkerung zu helfen und scheiterten letztlich an Repressalien und Bedrohungen, denen sie nur durch die Flucht entgehen konnten.

Dahrendorf bei einer Rede

Gustav Dahrendorf wurde 1901 als Sohn eines Arbeiters in Hamburg geboren. Nach dem Besuch der Volksschule absolvierte er eine kaufmännische Lehre. Bereits 1917 trat er in die Gewerkschaft ein, 1918 wurde er Mitglied der SPD. Dahrendorf, der schon nach dem Schulabschluss Mitglied der Arbeiterjugend geworden war, engagierte sich später bei den Jungsozialisten. Er gehörte dem Reichsausschuss der Jungsozialisten an und war führend in dem 1923 gegründeten „Hofgeismarer Kreis"[66] aktiv.
Nach der Berufsausbildung arbeitete Dahrendorf zunächst als Angestellter des Zentralverbands der Angestellten, 1924 wechselte er als Redakteur zum „Hamburger Echo". In der Weimarer Zeit entwickelte sich Dahrendorf in Hamburg zu einem vielversprechenden Nachwuchspolitiker. Er gehörte dem SPD-Landesvorstand von 1921 bis 1933 an, war Mitglied des Gauvorstands des Reichsbanners und wurde 1927 in die Hamburgische Bürgerschaft sowie am 6. November 1932 in den Reichstag gewählt.
Nach der Machtübernahme durch die Nationalsozialisten wurde Gustav Dahrendorf unter dem Bruch der Immunität am 24. März 1933 für drei Tage inhaftiert. In dieser Zeit erfolgte die Durchsuchung seiner Wohnung durch die Gestapo. Die neuen Machthaber veranlassten seine Entlassung als Redakteur. Dahrendorf nahm am 16.

66 1923 von national gesinnten Jungsozialisten gegründet, nahmen an der Tagung auch Gustav Dahrendorf und Theodor Haubach teil, bekannte sozialistische Theoretiker referierten. 1926 löste sich der Hofgeismarer Kreis auf. Vgl. http://de.wikipedia.org/wiki/Hofgeismarer_Kreis abgerufen 19.10.2012

Juni 1933 an der Parteivorstands- und -ausschusssitzung im Redaktionsgebäude des Hamburger Echos in der Fehlandstraße teil.[67] Er wurde wie die anderen Anwesenden von der Gestapo verhaftet und bis Anfang August 1933 gefangen gehalten.
Dahrendorf setzte sich nach Berlin ab und fand hier im Dezember 1933 eine Anstellung bei der Märkischen Brikett- und Kohlen-Verkaufs AG. Vermutlich brachte ihn das Vorstandsmitglied Herbert Dorendorf, der zuvor schon für die Sicherheit des SPD-Landesvorsitzenden Karl Meitmann gesorgt hatte, dort unter. Dahrendorf erhielt am 1. Juli 1936 Prokura und wurde am 1. Mai 1940 Vorstandsmitglied und Direktor der Firma. Immerhin ermöglichte ihm die gesicherte wirtschaftliche Existenz, seinen Vater, Gustav Dahrendorf, und seinen Schwiegervater, Otto Witt, finanziell zu unterstützen. Beide, der eine als Angestellter beim Arbeitsamt, der andere als Gärtner bei der Friedhofsverwaltung Ohlsdorf, waren von den Nationalsozialisten 1933 aus politischen Gründen entlassen worden.

Dahrendorf, Weidt, Kienast, Brandes

Dahrendorf unterhielt Kontakt zu dem Widerstandskreis um Theodor Haubauch, Julius Leber und Wilhelm Leuschner und beteiligte sich aktiv an den Umsturzplanungen. Er war für den Wehrkreis X (Hamburg) als politischer Beauftragter vorgesehen. Nach dem Attentat auf Hitler am 20. Juli 1944 erfolgte drei Tage später seine Verhaftung. Unter dem Vorwurf des Landesverrats wurde ihm vor dem Volksgerichtshof der Prozess gemacht. Während die Mitangeklagten Julius Leber, Hermann Maaß und Adolf Reichwein wegen ihrer Zusammenarbeit mit Wilhelm Leuschner und Carl Friedrich Goerdeler am 20. Oktober 1944 zum Tode verurteilt wurden, erhielt Dahrendorf für seine Mitwisserschaft sieben Jahre Zuchthaus. Bis zu seiner Verurteilung wurde er im Berliner Gestapo-Gefängnis und im KZ Ravensbrück gefangen gehalten. Hier war er schweren körperlichen Misshandlungen ausgesetzt. Am 28. April 1945 wurde Dahrendorf von sowjetischen Panzertruppen aus dem Zuchthaus Brandenburg befreit. Auch der erst 15-jährige Sohn Ralf wurde Ende November 1944 verhaftet und bis zum 30. Januar 1945 in einem KZ bei Frankfurt an der Oder gefangen gehalten.
Nach dem Zusammenbruch des NS-Regimes arbeitete Dahrendorf im Juni und Juli 1945 beim Magistrat der Stadt Berlin. Von August 1945 bis Januar 1946 war er als Vizepräsident der Deutschen Zentralverwaltung der Brennstoffindustrie für die sowjetische Zone tätig. Er engagierte sich beim Aufbau der Berliner SPD und wurde in den sozialdemokratischen Zentralausschuss gewählt. Anfangs von der Notwendigkeit

67 Martens, Holger: Auf dem Weg in den Widerstand – Die Echo-Versammlung der Hamburger SPD 1933, Hamburg 2010, zu Dahrendorf: S. 39f

einer Zusammenführung von SPD und KPD überzeugt, vollzog er im Dezember 1945 eine Abkehr von seiner bisherigen Position und verlangte für eine Vereinigung von den Kommunisten eine Verurteilung der einseitigen Parteinahme durch die Sowjets. Immer mehr Nachrichten erreichten die SPD-Führung, nach denen die örtlichen Vertreter der sowjetischen Militärregierung Kommunisten bevorzugten und lokale Einheitsbestrebungen forcierten. Als sich Anfang Februar 1946 im Zentralausschuss eine Mehrheit dafür abzeichnete, die Vereinigung unter dem massiven Druck der Kommunisten zu vollziehen, stellte Dahrendorf den Antrag zur Auflösung der SPD in der sowjetischen Besatzungszone. Nach der Abstimmungsniederlage trat Dahrendorf am 17. Februar 1946 als Mitglied des Zentralausschusses zurück.
Die westlichen Alliierten gingen von einer persönlichen Gefährdung der Familie Dahrendorf aus und stellten Militärpersonal zu ihrem Schutz ab. Auf Anraten der Briten und Amerikaner ließ sich Dahrendorf ausfliegen und kehrte am 21. Februar 1946 zurück nach Hamburg.
In den folgenden Wochen reiste Dahrendorf durch die Westzonen, um über die Vorgänge im Zusammenhang mit der Zwangsvereinigung von SPD und KPD zu berichten. Im April 1946 veröffentlichte die Hamburger SPD unter dem Titel: „Die Zwangsvereinigung der Kommunistischen und der Sozialdemokratischen Partei in der russischen Zone" einen 16-seitigen Bericht, in dem Dahrendorf die Vorgänge ausführlich darstellte.
Im Sommer 1946 wurde Dahrendorf in den Vorstand der Konsumgenossenschaft „Produktion" gewählt. Die traditionsreiche Genossenschaft war unter der NS-Herrschaft der Deutschen Arbeitsfront (DAF) einverleibt worden und erhielt nun ihre Selbstständigkeit zurück. 1948 erfolgte Dahrendorfs Berufung in die Geschäftsführung der Großeinkaufs-Gesellschaft Deutscher Konsumgenossenschaften (GEG), später wurde er Vorsitzender der Geschäftsleitung. Darüber hinaus übte er ab 1951 im Vorstand des Zentralverbandes deutscher Konsumgenossenschaften den Vorsitz aus.
Dahrendorf wurde im Oktober 1946 in die Hamburgische Bürgerschaft gewählt und gehörte ab 1948 dem Fraktionsvorstand an. Als Vizepräsident war er von 1947 bis 1949 im Frankfurter Wirtschaftsrat tätig. Aus der Politik zog sich Dahrendorf dann nach und nach zurück. Das Verhältnis zum SPD-Vorsitzenden Kurt Schumacher war seit der Auseinandersetzung um die Einheitspolitik 1945/46 zerrüttet.
Seit 1948 war Dahrendorfs Gesundheit angeschlagen. Die ständige Arbeitsüberlastung forderte schließlich ihren Tribut. Gustav Dahrendorf erlag am 30. Oktober 1954 in Braunlage/Harz einem Herzleiden. Ursache für die Herzerkrankung waren vermutlich die physischen und psychischen Belastungen nach der Verhaftung 1944. Zahlreiche Verfolgte trugen von Folter, KZ-Haft und Todesangst dauerhafte Herzschäden davon.

Bei **Albert Schulz**[68] (*1895) zeigt sich wieder das Muster einer sozialdemokratischen Genealogie und des für viele erfolgreiche Sozialdemokraten seiner Zeit typischen Lebenswegs:
Auch Albert Schulz stammte aus einer Arbeiterfamilie, bereits sein Vater war Mitglied der Gewerkschaft und der SPD. Schon während seiner Lehre als Maschinenbauer bei der Rostocker Neptunwerft war er Mitglied der Jugendorganisation der SPD in Rostock und trat 1913 in die SPD ein. Nach kurzer Wanderschaft 1915 eingezogen, brachte er es bis zum Unteroffizier, wurde 1918 Mitglied eines Soldatenrates. Er fand 1919 eine Anstellung, wurde schon 1920 stellvertretender Vorsitzender des SPD-Ortsvereins Rostock und 1921-1933 Abgeordneter im Landtag von Mecklenburg-Schwerin.

68 Woyke, Meik: Albert Schulz (1895-1974). Ein sozialdemokratischer Regionalpolitiker, Bonn 2006

Als er 1923 das Angebot erhielt, einen 5-monatigen Kurs in der Heimvolkshochschule Tinz zu besuchen, war ihm klar, dass das die Gelegenheit war, Wissenslücken zu schließen, er nahm das Angebot an.
Als Redakteur der Mecklenburgischen Volkszeitung schrieb er Berichte über die Debatten im Landtag – eine erhebliche zusätzliche Arbeitsbelastung. Seit 1924 setzte er sich außerdem als Gauführer des Reichsbanners Schwarz-Rot-Gold für die Verteidigung der Republik ein. Im Juli 1932 wurde er in den Reichstag gewählt, verlor jedoch infolge abermaliger Verluste für die SPD das Mandat bei der Wahl im November 1932. Der Wahlkampf im Februar 1933 wurde im wahrsten Sinne des Wortes „mörderisch", so sehr, dass Albert Schulz zusammen mit seinem langjährigen Freund und Genossen Willi Jesse am 25. Februar ein Telegramm an den „Herrn Reichspräsidenten" sandte, mit der Aufforderung, den Schutz der republikanischen Bevölkerung sicherzustellen.[69] Schon am 20. März 1933 wurde er zusammen mit Jesse verhaftet.

Peter und Albert Schulz mit Paul Nevermann (Mitte)

Das sollte nicht das letzte Mal sein. Nachdem er seine Arbeit bei der nunmehr verbotenen Mecklenburgischen Volkszeitung verloren hatte, war er arbeitslos, keiner wollte den landesweit bekannten Sozialdemokraten beschäftigen[70] und doch waren Frau, zwei Kinder – Lisl und Peter – und die Schwiegermutter zu versorgen. Nach nochmaliger Verhaftung konnte er sich als Zigarrenhändler selbständig machen, während seine Frau mit Kaffee hausieren ging. Kurz vor Kriegsbeginn wurde Schulz dann zur Wehrmacht einberufen, wurde jedoch 1941 aus Altersgründen stattdessen in Warnemünde dienstverpflichtet.

69 Woyke, S. 115
70 Woyke, S. 123

Durch seinen Freund Willy Jesse, den ehemaligen Bezirkssekretär der SPD-Landesorganisation Mecklenburg, hatte er von dem geplanten Attentat auf Hitler erfahren. Während Jesse nach Stockholm flüchten konnte, wurde Schulz zusammen mit anderen anlässlich der Aktion „Gitter/Gewitter" im August 1944 festgenommen, später jedoch aus der Haft entlassen.

Unmittelbar nach Kriegsende wieder in Rostock machte er sich daran, die SPD wieder aufzubauen. Bald sollte er die gleiche Erfahrung machen wie die Sozialdemokraten in anderen sowjetisch besetzten Orten: Versammlungen wurden nur zögernd oder gar nicht genehmigt, für Parteibüros nicht die gewünschten Räume zur Verfügung gestellt. Bei einer Sitzung der sozialdemokratischen Vertrauensleute im Juli 1945 wurde Albert Schulz dann zum Vorsitzenden gewählt. Schon bald war er für ein politisches- oder Verwaltungsamt im Gespräch, allerdings verhielt Schulz sich reserviert, weil er den Kommunisten nicht traute. Wie auch Hermann Lüdemann[71] war er Gegner der Vereinigung von SPD und KPD.

Aber der Druck wurde größer, schon im Dezember 1945 gab es die ersten SPD-Ortsverbände (Kröpelin, Malchin, Teterow) die sich der Sowjetischen Militäradministration beugten und sich für die Vereinigung aussprachen. Meinungsverschiedenheiten und Konflikte innerhalb der SPD waren die Folge. Im Januar 1946 ließ Schulz über einen Gewährsmann den Hamburger SPD-Vorstand wissen: „Die Zustände in der russischen Besatzungszone werden von Tag zu Tag katastrophaler. Der Genosse Schulz bittet Euch, alles zu tun, um den schweren Kampf der SPD zu unterstützen."[72] Zu gleicher Zeit starb der Oberbürgermeister Rostocks und Albert Schulz, in der Bevölkerung bekannt und beliebt, wurde trotz der Bedenken von sowjetischer Seite zu seinem Nachfolger ernannt.

Seine Aufgabe war nicht leicht. Rostocks Innenstadt war zu großen Teilen zerstört, ein immenser Zustrom von Flüchtlingen und Vertriebenen musste untergebracht und versorgt, Hygienemaßregeln ergriffen werden. Die Stadtverwaltung musste aufgebaut, ein Gemeinde-Notdienst eingerichtet werden. Allerdings, die demokratische Gemeindeverfassung wurde sukzessiv beschnitten, Albert Schulz protestierte. Er wurde im Frühjahr 1947 verhaftet und die Geheimpolizei setzte alles daran, ihm Vergehen zur Last zu legen. Wegen „konterrevolutionärer Sabotage" wurde er zu zehn Jahren Arbeitslager verurteilt. Sein Mitkämpfer und Freund Willy Jesse, der Auseinandersetzungen mit den Kommunisten nicht scheute, war bereits Mitte Juli 1946 „verschwunden" – er kehrte erst nach fast acht Jahren gesundheitlich schwer geschädigt aus einem Arbeitslager in Sibirien zurück[73]. Dennoch, die Verhaftung von Schulz erregte großes Aufsehen. Das führte offensichtlich dazu, dass das Urteil schon am 20. Juni aufgehoben wurde und Schulz am 1. Juli frei war.

Die Kampagnen der SED gegen „Sozialdemokratismus" hatten begonnen. Spätestens 1948 begann die Umwandlung der SED in eine stalinistische „Partei neuen Typs". Wieder gab es Vorwürfe gegenüber Schulz und anderen Sozialdemokraten. Doch als Mitglied der SED-Fraktion im Landtag von Mecklenburg und Sprecher für Haushaltsfragen war er sogar als stellvertretender Finanzminister im Gespräch.

71 Lüdemann wurde nach dem Krieg Landessekretär der SPD in Mecklenburg-Vorpommern. Als ihm als Gegner der Vereinigung zur SED jede politische Tätigkeit untersagt wurde, ging er nach Berlin. Später wurde er Ministerpräsident in Schleswig-Holstein.

72 Zitiert (Anm. 68), S. 187

73 Zu Willy Jesse siehe Stunnack, Grit: Willy Jesse – Eine Biographie. Magisterarbeit Rostock 1997, und Woyke (Anm. 68)

Dann begannen seit 1948 die Parteisäuberungen, Verhaftungen selbst von Abgeordneten, einige flüchteten rechtzeitig.[74] Schulz wagte es, sich Anweisungen aus Berlin, die Rostock geschadet hätten, zu widersetzen. Ihm wurden sämtliche Ämter aberkannt, er musste seinen Rücktritt erklären und nicht nur das, auch eine öffentliche „Selbstkritik" wurde von ihm verlangt.[75] Da blieb nur die Flucht, seine Frau war sofort einverstanden.

Das galt auch für den Schülersprecher **Peter Schulz** (*1930), dem als Unangepasstem und Sohn des unbequemen Oberbürgermeisters das Jurastudium an der Universität Rostock verweigert worden war. Hans Griem in Güstrow half der Familie, besorgte zunächst Peter die Fahrkarte nach Berlin, dann folgten die Eltern. Lisel Schulz jedoch wollte bleiben, wegen ihres Freundes und um ihre Ausbildung zu beenden. Gleich nach der Flucht begannen Verhöre, manchmal sogar nachts.[76] Sie und ihr Freund flohen im November 1949.
Foto von A. und P. Schulz
Der berufliche Wiedereinstieg für Albert Schulz war schwer. Anders als die ehemals Verfolgten und Flüchtlinge des Jahres 1945 kam er – zu spät. Maßgebliche infrage kommende Stellen waren besetzt und er war bereits 50 Jahre alt. Zwar erhielt er Zuzugsgenehmigung in Hamburg, aber er musste mit einer bescheideneren Position vorlieb nehmen. Herbert Wehner half ihm: Ab Januar 1950 führte Albert Schulz das Büro für die SPD-Bundesabgeordneten Hamburgs. 1952 gründete er eine „Arbeitsgemeinschaft Ostzone", die über hundert Mitglieder umfasste. Er wechselte 1953 als Leitender Bezirkssekretär nach Schleswig-Holstein, allerdings hatte er mit seinem Bemühen um ein Parlamentsmandat nie Erfolg. Erst Ende 1962, mit 67 Jahren ging er in Rente, blieb jedoch weiter ehrenamtlich aktiv.

Sein Sohn Peter Schulz[77] setzte sein Jura-Studium, das er in Berlin begonnen hatte, in Hamburg fort, wurde 1959 als Rechtsanwalt tätig. Er gründete eine Anwaltssozietät mit Niederlassungen in Hamburg, Rostock und Shanghai. Peter Schulz war aktiv bei den Jungsozialisten und beim Sozialistischen Studentenbund. 1961 wurde er Abgeordneter in der Hamburgischen Bürgerschaft, 1966 Justizsenator und 1971 Erster Bürgermeister.
1978-1986 war er – mit kurzer Unterbrechung – Präsident der Hamburgischen Bürgerschaft und wurde nach der Wende 1989 juristischer Berater seiner Heimatstadt Rostock, deren Universität ihm die Ehrendoktorwürde verlieh.

Einer von denen, die nicht rechtzeitig flüchten konnten, war **Max Fank** (*1899) aus Stralsund.
Schon als Zehnjähriger hatte Max Fank, in einer kinderreichen Familie aufgewachsen, in der Fischerei mitarbeiten müssen, mit vierzehn Jahren verließ er die Volksschule und musste sich als ungelernter Arbeiter durchschlagen. Er wurde kurz vor Kriegsende zur Kriegsmarine eingezogen und erlebte in Kiel den Aufstand der Matrosen. 1921 engagierte er sich in der Sozialdemokratie und der Gewerkschaft. Ständig bemüht, die eigene Bildung zu verbessern, beschäftige er sich mit der Geschichte

74 Schmeitzer, Mike: Genossen vor Gericht. Die sowjetische Strafverfolgung von Mitgliedern der SED und ihrer Vorläuferparteien 1945-1954, S. 265ff in: Hilger, Andreas/Schmeitzer, Mike/Schmidt, Ute: Sowjetische Militärtribunale 2. Die Verurteilung deutscher Zivilisten 1945-1955, Bd 2, Wien/Köln/Weimar 2004
75 Siehe Erren, Lorenz: Selbstkritik und Schuldbekenntnis. Kommunikation und Herrschaft unter Stalin (1917-1953). München 2008 und Leonhard, Wolfgang: Die Revolution entlässt ihre Kinder, Köln 1955
76 Anm. 68 , S. 254
77 Autobiografie: Schulz, Peter: Rostock, Hamburg und Shanghai – Erinnerungen eines Hamburger Bürgermeisters, Bremen 2009

Pommerns und Stralsunds, schrieb Beiträge für Zeitungen und veröffentlichte 1931 die erste Geschichte der Stralsunder SPD.

Als Mitglied der SPD, des Reichsbanners Schwarz-Rot-Gold und der Eisernen Front wurde er 1933 sofort aus seinem Arbeitsverhältnis bei der Stralsunder Staatswerft entlassen, und zeitweise verhaftet. Es blieben ihm nur Gelegenheitsarbeiten. Sein Sohn **Gerhard**, (*1921), konnte daher das Gymnasium nicht weiter besuchen. Er machte eine Gärtnerlehre und Schritt für Schritt gelang es ihm, die Gartenbauschule in Weihenstephan zu besuchen. Im II. Weltkrieg wurde er in Russland schwer verwundet und lag ein Jahr im Lazarett.

Max Fank 1948

Max Fank sorgte als Verbindungsmann für den Zusammenhalt alter Genossen. Zwar wurde er schon in den ersten Kriegsjahren zur Marine eingezogen, aber als zwei seiner Brüder gefallen waren, wurde er stattdessen auf der Krögerwerft dienstverpflichtet. Gegen Kriegsende gelang es ihm, zusammen mit anderen SPD-Genossen die Verteidigung Stralsunds als Festung zu verhindern. Schon zu diesem Zeitpunkt entwickelten sie Vorstellungen für den Wiederaufbau der Stadt und der SPD. Aber: Eine Einheitspartei von KPD und SPD kam für Max Fank zunächst nicht in Frage, er erklärte: „Zwei Arbeiterparteien werden so lange existieren, bis eine Synthese von Demokratie und Diktatur gefunden ist.“[78]

Auch sein Sohn Gerhard kehrte im Dezember 1945 nach Stralsund zurück und wurde dort bei der Stadtverwaltung angestellt. Er war Mitglied der SPD – nach der Zwangsvereinigung auch der SED – trat dann aber aus der SED aus.
Doch der Neubeginn der beiden Parteien fand unter ungleichen Bedingungen statt, es geschah dasselbe wie in Rostock: jede nur denkbare Behinderung der SPD, Kontrolle durch die sowjetische Militäradministration. Max Fank: „Man verbot die Zusammenkunft in nicht angemeldeten Vorstandssitzungen, so dass wir uns wie im Frühjahr 1933 in der Hitlerzeit geheim treffen mussten...“

Fank und seine Genossen fühlten sich für das Wohl der Stadt verantwortlich, aber das Elend der Bevölkerung wurde durch die Maßnahmen der sowjetischen Administration noch verschärft. Er berichtet: „Sicherheit und Ordnung waren gegen Ende des Jahres noch nicht wieder ganz hergestellt. In der Behörden herrschte Korruption...Auf den Landstraßen lagen Hunderttausende Flüchtlinge...Die Menschen hungerten. Im Jahre 1945 starben in Stralsund 4025 Menschen (pro Tausend Einwohner 80 Todesfälle)...und 512 Säuglinge (bei 961 Geburten)...“ Später notiert er: „Seit Monaten gibt es kein Salz. Es gibt auch kein Feuerungsmaterial,...Die Bevölkerung muss arbeiten beim Abbau der Eisenbahngeleise. Es sind meist Frauen. Alle Arbeit muss unentgeltlich verrichtet werden. Es gibt keinen Kaffee, kein Fleisch, kein Fett, nicht mal Fisch.“[79] Erst im Oktober, schreibt Fank, konnten sie diese Fronarbeit unterbin-

78 Max Fank, handschriftliche Erinnerungen März 1966
79 ebendort

den, „mit Unterstützung der LDP und CDU durch Auswechslung des bei der Post und den anderen Verwaltungen sich aufhaltenden männlichen Personals, vor allem durch Einsatz der Mitglieder der Nazipartei..."

Schon vorher hatte Fank notiert: „...das furchtbare Flüchtlingselend. Vom Oberstkommandierenden der Roten Armee war um den 19. Mai die Rückkehr aller Flüchtlinge in ihre Heimatorte befohlen worden...Tatsächlich hatten Tausende den Fußmarsch angetreten, etwa 10.000 Flüchtlinge aber saßen in Eisenbahnzügen, die nicht abfahren konnten, weil die Lokomotiven fehlten, und immer noch waren rund 36.000 Flüchtlinge in der Stadt." Um sie zur Rückkehr zu zwingen wurde dann die Ausgabe von Brotkarten ab 2. Juni an Flüchtlinge verboten. Derartige Maßnahmen gab es für ganz Vorpommern und Mecklenburg. Deshalb versuchten viele es über den Bahnhof Stralsund. Fank spricht von Zehntausenden, die trotz Absperrung in die Stadt kamen, in Ruinen und im Freien übernachteten „ausgehungert, abgerissen, z.T. ohne alle Habe, verlaust, mit Schwären und Krankheiten." Dann kam die Nachricht, dass der Oder-Übergang gesperrt war, die erste große Ausweisungs- und Vertreibungswelle begann.[80] Noch immer fluteten Flüchtlinge gen Osten, aber Zigtausende kamen aus Richtung Oder zurück. Der neue Befehl der Kommandanten hieß: Nur Arbeitsfähige werden aufgenommen, keine Alten oder Mütter mit Kleinkindern. Dann kamen im August die aus Danzig Ausgewiesenen. Es kamen auch die Mitglieder der bis 1936 in Danzig bestehenden SPD-Organisation, die allerdings einem anderen Kreis zugewiesen waren. Fank: „Erst aber zogen sie in Gruppen mit Dreipfeil-Armbinden zu unserem Parteibüro."

Max Fank, Parteivorsitzender in Stralsund und Mitglied des Parteiausschusses und zunehmend skeptischer, blieb jedoch im Amt und wurde damit nach dem Vereinigungskongress im April 1946 Mitglied der SED und Mitglied des Landtags von Mecklenburg. Warum? Fank wurde, wie er wusste, gebraucht.
Im Kreisvorstand der neugegründeten SED fand Fank im bisherigen KPD-Büro eine „schludrige ins kriminelle gehende Kassenführung" vor, Gelder waren veruntreut worden, entlassene Angestellte erhielten weiterhin Gehälter. Konnte man solchen Leuten die Stadt überlassen? Fank war jetzt, wie auch Jesse, Mitglied des SED-Parteivorstands, außerdem Kreisvorsitzender Stralsunds und Mitglied des Landesvorstands. Im November wurde er Mitglied des Landtags, doch als er die zunehmende Verfolgung von Sozialdemokraten kritisierte, wurde er bereits 1947 abgesetzt, behielt aber sein Landtagsmandat. Er arbeitete nun als Oberfischmeister. Die politischen Verfolgungen ließen ihm jedoch keine Ruhe. Er nahm Kontakt mit dem Ostbüro der SPD auf, das er über alles informierte und verteilte Informationsschriften der West-SPD. Nach einer Denunziation wurde er im März 1949 verhaftet, auch seine Immunität als Landtagsabgeordneter half ihm nicht. Die Begründung: Er sei aus der Funktion als Landtagsabgeordneter ausgeschieden weil er nicht mehr in der Lage sei, seine Pflichten gemäß § 3 der GO zu erfüllen!

Fank wurde zu 25 Jahren Arbeitslager verurteilt, erst 1954 amnestiert.
Nach der Verhaftung des Vaters sorgte Gerhard Fank für die Mutter und den 14 Jahre jüngeren Bruder. Seine zwei Jahre jüngere Schwester floh sofort nach Großbritannien. Von dort aus gelang es ihr, auch mit finanzieller Hilfe des Internationalen Transportarbeiterverbandes, Pakete nach Stralsund zu schicken, die es Gerhard ermöglichten, ein Mal im Monat auch seinem Vater ein Paket zukommen zu lassen. Nach der Entlassung seines Vaters und der Flucht seiner Eltern nach Westdeutschland blieb er

80 Siehe auch: Der Spiegel 14/2002, „Lauft, ihr Schweine!" zur Vertreibung im Sommer 1945

noch ein Jahr in Stralsund, da sein Bruder die Lehre noch nicht abgeschlossen hatte. Dann floh er mit dem Bruder nach Hamburg.

Max Fank wurde wieder in der SPD aktiv, 1959-1961 war er Ratsmitglied in Wattenscheid. Sein Sohn Gerhard Fank hatte sich spontan entschlossen, in Hamburg zu bleiben: „Es sei eine so schöne Stadt!". Er lernte Elke Hinrichs (1934), die Tochter des Hamburger Widerstandskämpfers Otto Hinrichs, bei den Jungsozialisten kennen, sie heirateten 1963. Nach weiterem kurzem Studium arbeitete Gerhard Fank bis zu seiner Pensionierung in der Gartenbauabteilung des Bezirksamts Hamburg-Nord. Elke Fank, unterstützt von ihrem Mann, wurde eines der wohl aktivsten Mitglieder der Bergedorfer SPD, unter anderem vierzehn Jahre lang Mitglied der Hamburgischen Bürgerschaft. Max Fank lebte seit 1963 in Hamburg, er starb 1978 nach langer haftbedingter Krankheit, jedoch nicht ohne auch die Nachkriegsgeschichte der Sozialdemokratie in Pommern aufgeschrieben zu haben. [81]

Gerhard u Max Fank

81 Max Fank, handschriftliche Erinnerungen und Auskünfte seiner Schwiegertochter Elke Fank

5. Familien: gemeinsam verfolgt, gemeinsam politisch aktiv

Bei Durchsicht der Lebensläufe von ehemals Verfolgten sind auffallend oft nicht nur mehrere Mitglieder der Familie politisch aktiv gewesen, sondern die Eltern und teilweise die Großeltern waren bereits der Sozialdemokratischen Partei und/ oder den Gewerkschaften eng verbunden. Insbesondere Hamburg und Umgebung – d.h. Hamburg und die bis 1937 preußischen Städte Altona, Wandsbek und Harburg-Wilhelmsburg – waren Zentrum und Hochburg der Arbeiterbewegung schon in der zweiten Hälfte des 19. Jahrhunderts.[82] Das hieß für die Mitglieder außer politischer und gewerkschaftlicher Arbeit auch gemeinsam feiern, Mitgliedschaft in Arbeiter-Gesangs- und Sportvereinen. Nach der Jahrhundertwende gehörte selbstverständlich auch die Einbindung in Selbsthilfeorganisationen der Arbeiterbewegung wie Baugenossenschaften, die PRO als Konsumgenossenschaft, die Arbeiterwohlfahrt dazu.

Es ist naheliegend, dass die Kinder von derart in dieses Milieu eingebundenen Sozialdemokraten dort sozusagen „hineinsozialisiert“ wurden und – wie vielfach noch heute – die jungen Menschen sich in diesen Organisationen kennen- und lieben lernten.[83] Sie verlebten ihre Freizeit in der Sozialistischen Arbeiterjugend (SAJ) und in der Organisation der Kinderfreunde, beide Gruppen nannten sich Ende der 20er Jahre immer häufiger „Falken“ bzw. „Rote Falken“. 1933 wurden auch diese Gruppen verboten – später auch in der DDR, die die FDJ zur Staatsjugend machte.

Doch schon 1945 wurden die ersten Kinderfreunde- und Falkengruppen wieder gebildet – häufig durch junge Erwachsene, die vor 1933 in die Kinderfreunde oder SAJ eingebunden waren. So berichtet Hans Saalfeld, dass auf Initiative seines Vaters Hermann Kinder und Jugendliche im Wohnumfeld schon im Herbst 1945 per Rundschreiben eingeladen wurden. Zwar bestand die Militärregierung auf dem unpolitischen Namen „Arbeiterjugendverband Hamburg“, doch bald kehrten die jungen Menschen zu den alten Benennungen zurück: „Sozialistische Jugend der Falken“ je nach Altersgruppen Nestfalken, Wanderfalken oder Sturmfalken.
Hans Saalfeld, 1947 zum Kreisjugendringleiter bestätigt, schildert die Gefühle, die sie bei diesem Neuanfang bewegten: „Der Krieg war vorbei! Wir waren frei - endlich frei! Wir trafen uns im Biberhaus. Schon im Treppenhaus sangen wir unsere bis dahin verbotenen Lieder. Die Genossinnen und Genossen, die schon damals dabei waren, und die Jüngeren, die hinzukamen. Mit diesen legendären Zusammenkünften fingen wir an. Bald stand und wuchs die Organisation.“[84] Nach der langen Zeit der Indoktrination im Rahmen der HJ und anderer NS-Organisationen ging es nunmehr um das Bekenntnis zur Demokratie und der Völkerverständigung. Mit Gruppenabenden, Wanderungen, Ausflügen gewann man immer mehr Mitglieder, vor allem unter den Jugendlichen aus sozialdemokratischen Elternhäusern. Die Teilnahme am internationalen Jugendtreffen 1947 in Stuttgart und das große internationale sozialistische

82 Holstein / Oldenburg / Woyke / Schütze / Kutz-Bauer / Kopitzsch / Büttner / Martens: Alles für Hamburg. Die Geschichte der Hamburger SPD von den Anfängen bis zum Jahr 2007, Hamburg 2008.
83 Zwahr, Hartmut: Zur Konstituierung des Proletariats als Klasse. München 1984
84 Saalfeld, Hans: Erinnerungen. Manuskript „Neuanfang der Falken“, 29.6.2012

Jugendtreffen 1950 in Stockholm waren Höhepunkte des neuen Lebens, von denen die Alt-Falken noch heute mit Begeisterung erzählen.

Koedukation war bei den sozialistischen Gruppen, so auch bei den Falken, ein erzieherischer Grundsatz. So hieß es schon 1914 in dem beliebten Lied „Wann wir schreiten Seit an Seit"[85] :

„Mann und Weib und Weib und Mann
sind nicht Wasser mehr und Feuer
Um die Leiber legt ein neuer
Frieden sich, wir blicken freier
Mann und Weib, uns fürder an"

Und nur allzu oft ergab sich aus der Gruppengemeinschaft eine Verbindung für das Leben. Elsbeth Muche, geb. Kohn, die gleichfalls 1946 ihren Mann bei den Falken kennen lernte: „Die in unserer Gruppe (in Barmbek) haben zu 80 Prozent untereinander geheiratet." [86]
Hans Saalfeld: „In unsere Sturmfalkengruppe kamen auch Erika Schmedemann (Tochter Walter Schmedemanns, des Koodinators des Widerstandes der Hamburger Sozialdemokraten) und Harald Stobbe, Erikas späterer Ehemann. Zur Wanderfalkengruppe gehörten auch die Zwillinge Karin und Uwe Zimmermann. Sie erzählten zuhause, dass es auch eine Gruppe für ältere Jugendliche gab und animierten ihre ältere Schwester Ursula dazu, dort einmal teilzunehmen. So kam meine Frau, die damals fünfzehnjährige Ursula Zimmermann, in meine Falkengruppe." Auch Helmut Raloff, Sohn Max Raloffs, lernte seine Frau Gabi – Tochter von Alfred Metz (s. Kap. 3) – bei den Falken kennen.

Daher kann man noch heute bei vielen Familien sozialdemokratische Generationenfolgen feststellen. Manchmal gehörte sogar das ganze familiäre Umfeld dazu, d.h. Onkel, Geschwister, angeheiratete Verwandte und nach 1919 gelegentlich Aufsplitterung der Familien in Zugehörigkeit zu SPD/USPD, KPD, oder später ISK (Internationaler Sozialistischer Kampfbund) oder SAPD (Sozialistische Arbeiterpartei Deutschlands). Nach 1933 waren es gerade diese Familien, in denen mehrere Mitglieder entlassen wurden, die erste Verhaftungen erduldeten und die sich im Widerstand oder zumindest Resistenz gegen das NS-System engagierten. Mehrfach wird berichtet, dass die Frauen putzen gehen oder Schneiderarbeiten übernehmen, damit die Familie nicht verhungert. Häufig werden 1933 auch Eltern und/oder Geschwister entlassen, so dass auch familiäre Hilfen kaum möglich sind. Beispiele dafür sind die nachfolgend aufgeführten Familien. Nach 1945 werden fast alle Familien, deren Mitglieder überlebt haben, auch gemeinsam wieder aktiv. Die Historikerin Christel Oldenburg stellt in einer Mikroanalyse für Organisationsgliederungen der SPD Harburg 1956 fest: in den 25 Vorständen sind 7 Ehepaare und weitreichende verwandtschaftliche Beziehungen: Eltern, Kinder, Geschwister: „Bei einigen Familien gehörte zum Stammbuch auch das rote Parteibuch..."[87]

85 Gedichtet von Hermann Claudius, Hamburg. Erstmals 1914 abgedruckt in der Juni-Ausgabe der „Arbeitenden Jugend", Jugendbeilage des „Hamburger Echo"
86 Telefonisches Interview mit Elsbeth Muche, Tochter von Reinhard Kohn, am 13.7.2012
87 Oldenburg, Christel: Anm. 33 S. 107ff

urmfalken Farmsen i Stockholm vorne re. Ursel Zimmermann, Hans Saalfeld

Eben diese Familien waren auch in den Jahren nach 1933 besonders betroffen durch weitere Zeiten der Arbeitslosigkeit als „politisch Unzuverlässige". Und da gibt es auffallende Übereinstimmungen: Mehrfach wird berichtet, dass Firmen – manchmal in (ehemals) jüdischem Besitz – ganz bewusst eben diese Ausgegrenzten eingestellt haben. Elisabeth Ostermeier arbeitete in einem jüdischen Kaufhaus: „die Mädchen, die dort arbeiteten, dachten wie ich." Nach ihrer Verhaftung wurde ihr vorgeworfen, beim ‚Juden' gearbeitet zu haben. Marta Damkowski[88] berichtet von der langen erfolglosen Arbeitssuche ihres Mannes, der prompt eine Arbeit bekam, als er geschrieben hatte: „Wegen einer politischen Haft ohne Abschluss." In dieser Firma, Weiß & Freytag, waren noch mehr ehemalige Häftlinge beschäftigt.

Auch Otto Lang[89] gelang es, nach der Haftentlassung bei einem amerikanischen Unternehmen Arbeit zu finden, bei dem mehrere Regimegegner arbeiteten. Ähnlich bei der Barmbeker Maschinenbaufirma Heidenreich und Harbeck, in der Obermeister Schmidt, übrigens gedeckt durch den Besitzer Martin Harbeck, gezielt Sozialdemokraten, Gewerkschafter und Kommunisten im Betrieb unterbrachte.[90] Allerdings konnte auch das Gegenteil passieren: So wird trotz der Proteste der Betriebsleitung Hermann Saalfeld wieder einmal entlassen, weil eine weibliche Hilfskraft sich bei der DAF beschwert hatte: sie fühle sich diffamiert, weil ihr Vorgesetzter ‚Halbjude' sei.
Als ehemalige Mitarbeiterin der Parteiorganisation hatte es Irma Keilhack noch schwerer. Trotz bester Qualifikation fand sie erst im Jahr 1934 eine neue Stelle. Es war eine jüdische Firma aus England, die ihre Generalvertretung in Hamburg hatte. Es sei doch klar, meinte der Geschäftsführer im Vorstellungsgespräch, dass man Leute unterstützen müsse, die durch die Nazis stellungslos geworden wären. Auch dort waren größtenteils Antinazis beschäftigt. Sie berichtete auch, dass ihr Mann, ebenfalls als ehemaliger SPD-Funktionär arbeitslos, von einer großen jüdischen Getreideimportfirma als Baufachmann eingestellt wurde.[91]
Nachfolgend soll das Leben, Überleben vor und Weiterleben nach 1945 einiger sozialdemokratischer Familien dargestellt werden, die generationen- und familienübergreifend seit 1933 verfolgt wurden.

Typisch für diese Familien ist die Familie **Gottschalk/Ostermeier**:[92]
Rudolf Gottschalk (*1886) begann im Jahre 1900 eine Lehre als Zimmermann in Harburg und ging ab 1904 als Geselle auf Wanderschaft. Sofort nach Abschluss seiner Lehre im April 1904 trat er in den Zentralverband der Zimmerer ein, im Januar 1905, während seines Aufenthaltes in Breslau in die SPD.
Mitte des Jahres 1907 nach Harburg zurückgekehrt, engagierte er sich in der SPD und „stand schon bald in seinen jungen Jahren in der politischen und gewerkschaftlichen Arbeit an der Spitze dieser Organisationen" heißt es in seinem Nachruf.
Bald darauf heiratete er die Harburgerin Elisabeth Kahlke (*1888), die 1910 in die SPD eintrat. Sie bekamen drei Kinder, zwei Töchter und einen Sohn, der im II. Weltkrieg starb. Gottschalk war beruflich erfolgreich. Er wurde Polier und Leiter des städtischen Bauhofs Harburg, hatte bald Leitungspositionen bei der Zimmerergewerkschaft und war Mitglied des Parteivorstands der Harburger SPD.

88 Interview Marta Damkowski, aufgez. von Kröplin, Elke, in: Der alltägliche Faschismus. Frauen im Dritten Reich. Bonn 1981, S.177
89 siehe Datenbank AvS
90 Unveröffentlichte Erinnerungen Saalfeld, Hans: „Streif- und Schlaglichter. Familie Saalfeld – im Auf und Ab turbulenter Zeiten.", S. 41/42 (Manuskript Stand Juni 2012)
91 Gespräch mit Irma Keilhack, aufgez. von Fischer, Ingrid, in: Der alltäglich Faschismus, Anm. 88., S. 132
92 Nachlass der Familie Ostermeier und Auskünfte ihres Enkels Jens Ostermeier 20.3.2012

Dann kam die Unterbrechung durch den 1. Weltkrieg. Gottschalk wurde eingezogen, seine Frau Elisabeth hatte Mühe, die Kinder zu ernähren. Wie auch andere Arbeiterfrauen nahm sie Arbeit an, zu Hungerlöhnen bei Gleisbauarbeiten. Als sie einen Streik der Frauen anzettelte – und Elisabeth war eine sehr energische Frau – wurde sie verhaftet.

Offenbar nahm Gottschalk nach 1919 die politische Arbeit sofort wieder auf. Schon 1920 wurde er Mitglied im Kreistag Harburg – als Vertreter für seinen damaligen Wohnbezirk Kanzlershof. Dennoch, der Lohn war knapp, und als 1923 die Inflation explodierte, da waren auch die Mittel der Familie Gottschalk so beschränkt, dass sie gezwungen waren, die begabten beiden Töchter eine Verkäuferinnenlehre machen zu lassen, weil das Schulgeld nicht aufzubringen war, nur der Sohn konnte weiter die Mittelschule besuchen. Gottschalk wurde 1928 als SPD-Vertreter in die Stadtvertretung Harburgs, das Bürgervorsteher-Kollegium, gewählt.

Wie andere Facharbeiter in dieser Zeit bemühte er sich um Wohneigentum durch Selbsthilfe. Er wurde Mitbegründer und 1921 bis 1933 Vorsitzender des Aufsichtsrates der Arbeiter-Baugenossenschaft „Eigenheim". Nun konnte die Familie im eigenen, wenn auch sehr kleinen Haus wohnen. Als begeisterter Segler hatte er sich ein Segelboot gebaut und war Mitglied im Arbeiter-Segler-Verein.

No. 5779

IDENTIFICATION CARD
for ex-political prisoner of
prison Hildesheim

AUSWEIS
für ehemalige politische Gefangene aus
Gef. Hildesheim

Unterschrift / signature: Frau Elisabeth Gottschalk

E/0213

Current number / Laufend. Nummer: 5779 — Internee number / Häftlingsnummer
name / Name: Gottschalk, Elisabeth
born / geb. 11.6.88 at / zu Harburg
nationality / Nationalität: German – Deutsch
adress / Adresse: Harburg, Bismarckstr. 37
was kept in captivity from 9.2.37 to 28.5.37 in Nazi-German concentr. camps and was liberated from the prison Hildesheim
wurde vom 9.2.37 bis 28.5.37 in nationalsozialistischen KZ-Lager gefangen gehalten und vom Gef. Hildesheim in Freiheit gesetzt.

Comitee of political prisoners. Kommitee der politischen Gefangenen.

No. 5789

IDENTIFICATION CARD
for ex-political prisoner of
concentration camp Fuhlsbüttel

AUSWEIS
für ehemalige politische Gefangene aus
KZ Fuhlsbüttel

Unterschrift / signature: R. Gottschalk

Current number / Laufend. Nummer: 5789 — Internee number / Häftlingsnummer
name / Name: Gottschalk, Rudolf
born / geb. 6.7.86 at / zu Stolbeck/Tilsit
nationality / Nationalität: German – Deutsch
adress / Adresse: Harburg, Bismarckstr. 37
was kept in captivity from 22.8.44 to 4.9.44 in Nazi-German concentr. camp and was liberated from the concentr. camp Fuhlsbüttel
wurde vom 22.8.44 bis 4.9.44 in nationalsozialistischen KZ-Lager gefangen gehalten und vom KZ Fuhlsbüttel in Freiheit gesetzt.

Comitee of political prisoners. Kommitee der politischen Gefangenen.

Ausweis political prisoner Gottschalk Harburg

Harburg-Wilhelmsburg, bis 1937 preußisch und faktisch Industrievorort von Hamburg, war geprägt durch eine traditionell „rote" Arbeiterschaft. Stärkste Fraktion im Bürgervorsteherkollegium war die SPD mit 23 von 49 Sitzen, zweitstärkste Fraktion die KPD mit neun Sitzen. Selbst bei den Reichstagswahlen im Juli und November 1932 blieb deren Stimmenanteil stabil (SPD 35 %, KPD 23 %).[93]

Als 1933 Hitler zum Reichskanzler ernannt wurde, erkannte Rudolf Gottschalk schneller als manch andere die Zeichen der Zeit: Als Vorsitzender des Aufsichtsrates verhandelte er mit dem Eisenbahn-Bau-Verein, der in den Augen der Nazis unverdächtig und bürgerlich war. Der sozialdemokratisch dominierte Verein „Eigenheim" wurde dort eingegliedert und war damit dem Zugriff der Nazis entzogen. Das Glei-

93 Ein informativer Überblick in: Markert/Meyer/Möller: Einleitung III. Harburg und Wilhelmsburg unterm Hakenkreuz, in: Günther, Barbara/ Markert, Margret/ Meyer, Hans-Joachim/ Möller, Klaus: Stolpersteine in Hamburg-Harburg und Hamburg-Wilhelmsburg. Biographische Spurensuche, Hamburg 2012

che gelang ihm bei seinem Arbeiter-Segler-Verein, der rechtzeitig Asyl in der Segler-Vereinigung Reiherstieg von 1926 e.V. (SVR). im Hafen Holstenkaten an der Süderelbe erhielt. Sich selbst konnte er jedoch nicht helfen. Er wie auch seine Frau wurden wegen „politischer Unzuverlässigkeit" entlassen. Auch der Sohn und seine, politisch sehr engagierte Tochter Elisabeth, später verh. Ostermeier (*1913), die als Verkäuferin bei der Konsumgenossenschaft Produktion (PRO) arbeitete, obwohl sie lieber Lehrerin geworden wäre, verloren ihre Arbeit.

Die PRO wurde im Mai 1933 gleichgeschaltet. Doppeltes Pech für Elisabeth, die Aussicht gehabt hatte, die Heimvolkshochschule Tinz besuchen zu können. Nun hatte nur noch eine, die zweite Tochter, als Verkäuferin Arbeit. Davon konnte die fünfköpfige Familie nicht leben. So musste das eigene Häuschen vermietet werden, die Familie zog in eine kleine Wohnung.
Doch das, was die Sozialdemokratie stark gemacht hatte, Solidarität, sollte sich jetzt vielfach zeigen. Sozialdemokratische Kleinunternehmer versuchten zu helfen, nicht wenige machten sich mit geliehenem Geld selbständig als Zigarren- oder Kaffeehändler, manch sozialdemokratischer Redakteur ging in den früher erlernten Handwerkerberuf zurück, wieder andere versuchten es als Hausierer.
Der gelernte Konditor Ernst Tessloff, bis 1933 Parteisekretär und Redakteur, der sich nunmehr wieder der Bäckerei seiner Eltern widmen musste, stellte Elisabeth Gottschalk, jetzt zwanzig Jahre alt, als Brotfahrerin ein – eine Tätigkeit, die es erlaubte, einer politisch zuverlässigen Person als Brote getarnte sozialdemokratische Schriften mitzugeben.

1935 hatte Elisabeth geheiratet. Heinrich Ostermeier, (*1907) in Wulpke/Minden, war Tischler, schon mit 16 Jahren wurde er Mitglied in der Sozialistischen Jugend, dann im Arbeitersport, in der Gewerkschaft. Auch er war politisch aktiv und es liegt nahe, dass die beiden sich in der SAJ kennen gelernt haben. Heinrich kam aus kleinen Verhältnissen, schon sein Vater war in der Zeit des Sozialistengesetzes als Sozialdemokrat in Schwierigkeiten. Nun bekam Heinrich die Chance, in seiner Heimat Minden als Tischler zu arbeiten. Das junge Paar zog nach Minden.

Im Jahre 1936 kam die Gestapo der Widerstandstätigkeit Tessloffs auf die Spur und im Rahmen dieser Untersuchung wurden Elisabeth, ihre Mutter, ihr Vater und ihr Mann, der mit den Widerstandsaktivitäten Tessloffs nichts zu tun gehabt hatte, verhaftet. Rudolf Gottschalk konnte nicht mehr nachgewiesen werden als ein Flugblatt, das er in der Tasche hatte. Seine Frau wurde jedoch im Verlauf der Ermittlungen verhaftet und blieb fast vier Monate im Gefängnis. Elisabeth wurde bereits am 13. Dezember 1936 verhaftet, ihr Mann fünf Tage später. Elisabeth war wie ihre Mutter in „Schutzhaft", davon fast fünf Monate in Einzelhaft in Hildesheim. Tessloff, der 3 Jahre und sechs Monate im Gefängnis und im KZ Fuhlsbüttel zubrachte, hatte offenbar geschwiegen – so kamen Elisabeth und ihre Mutter Ende Mai wieder frei.
Vergeblich hatte die Gestapo versucht, Heinrich Ostermeier die Verbindung zu einer Widerstandsgruppe in Minden nachzuweisen, bis er am 15. Oktober 1935 entlassen wurde.

Die kleine Familie zog zurück nach Harburg. Heinrich erhielt Arbeit in einer Tischlerei, wo er auch Lehrlinge ausbildete. Im November 1938 wurde die Tochter Helge geboren, im Februar 1940 der Sohn Jens.
Gefährlich wurde es für Rudolf Gottschalk, als nach dem Attentat auf Hitler am 20.7.1944 auch er im Zuge der „Gewitteraktion" verhaftet wurde und zwei Wochen

im KZ Fuhlsbüttel verbringen musste. Aber nach Kriegsende war Gottschalk für den Harburger Stadtkommandanten Lee einer derjenigen, die unbelastet waren. Dieser nahm 1945 sofort Kontakt zu Gottschalk auf. Noch eines kam hinzu. Rudolf Gottschalk war es während des Krieges gelungen, mit ehemaligen Genossen ein 32 Fuß großes Stahlsegelboot zu bauen. Gottschalk konnte daher mit Lee, dessen Segelboot in Coventry verbrannt war, auf Segeltour gehen, zu einer Zeit, in der jedem Deutschen das verboten war.

Sofort nach Kriegsende bemühte sich Rudolf Gottschalk, die SPD Harburg wieder aufzubauen. Aber die Neugründung von Parteien und die Zulassung der SPD wurde erst ab 1. September 1945 erlaubt. Sein Mitgliedsbuch für den Kreis Harburg hat das Datum 1.9.1945 und die Nr. 2, die ganze Familie trat am 1.9. wieder in die SPD ein. Alle vier wurden zunächst auch Mitglieder bei der Vereinigung der Verfolgten des Naziregimes (VVN). Nachdem jedoch deutlich wurde, dass in der damaligen Ostzone die Sozialdemokraten schikaniert, verhaftet und verfolgt wurden, schlossen auch sie sich 1948, nach dem Beschluss des SPD-Parteivorstands über die Unvereinbarkeit der Mitgliedschaft von VVN und SPD, der neugegründeten Arbeitsgemeinschaft ehemals verfolgter Sozialdemokraten (AvS) an.

Dez. 1991 60 J SPD Ostermeier - Voscherau

Bis weit in die 60er Jahre mussten sie um Einzelheiten der Wiedergutmachung kämpfen. Elisabeths Bibliothek, der kostbarste Besitz einer Arbeiterfamilie, war beschlagnahmt worden, die Erstattung wurde jedoch abgelehnt. Es gab zwar Haft- und Berufsschaden-Entschädigung, aber wenn sie wegen der erlittenen langen Einzelhaft ein Trauma oder psychische Schäden hätte geltend machen wollen, dann wäre es durchaus möglich gewesen, dass sie dieselbe Erfahrung gemacht hätte wie andere: Ärzte und Psychiater, z.B. der renommierte Bürger-Prinz, die tief in das NS-System verstrickt gewesen waren, nahmen die Untersuchungen vor und stellten dann keinen Schaden und kein Trauma fest.

Während ihr Vater sich dem Aufbau der Harburger SPD widmete, wurde seine Tochter Elisabeth schon im Oktober 1946 in die Hamburgische Bürgerschaft gewählt. Unter 17 Kandidatinnen war sie die Jüngste. Die ersten Fraktionssitzungen wurden in Trainingshosen (unter dem Rock) und Mänteln abgehalten: „Wir saßen im Plenum, hungerten und froren.“[94] Man kann sich kaum vorstellen, was es im Winter 1946/47 hieß, in unzureichender Kleidung mit dem Fahrrad vom Rathaus nach Harburg zu fahren, wenn abends keine Bahn mehr fuhr.

Frauen- und Jugendfragen wurden ihr Aufgabengebiet. Hamburg war eine Trümmerlandschaft, in der Kinder sich beim Spiel gefährdeten, so forderte Elisabeth Ostermeier zusammen mit anderen Parlamentarierinnen in ihrer ersten Rede Kinderspielplätze, daher wurden auch viele Trümmerplätze für die Kleinen geräumt.
Als gelernte Schlachterei-Verkäuferin war sie Mitglied der Gewerkschaft Nahrung, Genuss und Gaststätten (NGG). Sie sah als ihren größten Erfolg an, dass es ihr als Mitglied des geschäftsführenden Vorstands der NGG gelang, den ersten Tarifvertrag für Hausgehilfinnen auszuhandeln. Sie begann als Sachbearbeiterin für Frauen und Jugendfragen, wurde 1954 in den Hauptvorstand gewählt, dem sie bis 1971 angehörte.

Rudolf Gottschalk †

Große Verdienste um Harburgs SPD und den Wohnungsbau

Einen großen Verlust erlitt die Sozialdemokratische Partei in Harburg durch den Tod ihres langjährigen Distriktsvorsitzenden Rudolf Gottschalk, der am 2. Juli im Harburger Krankenhaus nach längerer Krankheit verstorben ist.

Rudolf Gottschalk, der von jüngsten Kindesjahren an in Harburg gelebt hat, war weit über die Kreise seiner eigenen Partei bekannt, nicht zuletzt durch sein ausgleichendes, freundliches Wesen, das ihm in seinen zahlreichen Wirkungskreisen sehr viele Freunde gebracht hatte.

Nach seiner Schulzeit in Harburg erlernte Rudolf Gottschalk bei der Firma August Prien das Zimmererhandwerk. Neben diesem ihm liebgewordenen Beruf, den er nach vorübergehenden Wanderjahren durch Deutschland dann in Harburg ausübte, stand er schon bald in seinen jungen Jahren in der politischen und gewerkschaftlichen Arbeit mit an der Spitze dieser Organisationen. Bereits 1920 wurde Rudolf Gottschalk sozialdemokratisches Mitglied im Kreistag Harburg, zu dem sein damaliger Wohnbezirk Canzlershof gehörte. Von 1928 bis 1933 gehörte Rudolf Gottschalk als SPD-Vertreter dem Bürger-Vorsteher-Kollegium (Stadtvertretung) von Harburg an.

Nach 1933 war Gottschalk öfter nicht unerheblichen politischen Schwierigkeiten und Verfolgungen ausgesetzt und wurde nach dem Attentat vom 20. Juli 1944 auf Hitler mit anderen freiheitlich gesinnten Bürgern unserer Stadt inhaftiert. Aber der Zimmerpolier Gottschalk, als echter Demokrat weit und breit bekannt, überlebte alle Schikanen der Nazizeit.

Nach 1945 hat Rudolf Gottschalk als erster entscheidend am Wiederaufbau der Sozialdemokratischen Partei Deutschlands und der Gewerkschaften in Harburg mitgewirkt und wurde auch 1945 der erste Distriktvorsitzende der SPD in Harburg. Diese Tätigkeit übte er bis 1953 aus, um dann aus gesundheitlichen Gründen aus diesem verantwortlichen Amt auszuscheiden. Doch trotzdem hat Gottschalk die Verbindungen zur Partei nie abreißen lassen. Die SPD ist ihm zu tiefstem Dank verpflichtet.

Auch in der gemeinnützigen Wohnungswirtschaft war Rudolf Gottschalk mit seinen umfassenden Kenntnissen ein zuverlässiger Mitarbeiter. So gehörte er dem Aufsichtsrat der DWG von 1945 bis zu seinem Tode an. Zugleich war er Vorsitzender des Aufsichtsrates des Eisenbahnbauvereins von 1951 an, und von 1921 bis 1933 war er bereits Vorsitzender des Aufsichtsrates der Baugenossenschaft „Eigenheim“, die später vom Eisenbahnbauverein übernommen wurde.

Daneben aber galt seine große Liebe dem Segelsport. Jahrzehntelang gehörte er der Seglervereinigung Reiherstieg an. Bis zu seinem Tode war er noch besorgt um seine Segler vom Reiherstieg, die aus der Neuverlegung des Deiches ihren bisherigen Standort mit allen Einrichtungen aufgeben müssen und deren Zukunft bis jetzt noch nicht endgültig gesichert ist.

Gottschalk Nachruf

Ihr Engagement hatte seinen Preis. Zwar nahm ihr Mann Heinrich ihr ab, soviel er konnte, doch auch er hatte eine neue berufliche Herausforderung: Er wurde 1948 als Fürsorger/Sozialarbeiter im Außendienst des Sozialamtes Harburg tätig, denn er war einer der wenigen politisch Unbelasteten und war durch seine Ausbildertätigkeit dafür bestens vorbereitet. Elisabeth war sich darüber klar, dass sie für ihre gewerkschaftliche und politische Tätigkeit besser qualifiziert sein musste. So besuchte sie mehrfach 3-Monats-Lehrgänge in der Heimvolkshochschule Jagdschloss Göhrde und in der Heimvolkshochschule Hustedt. Jahrzehntelang blieb sie in Verbindung zu Professor Fritz Borinski, der die Heimvolkshochschule Göhrde von 1947 bis 1954 leitete. Und da die alten Gottschalks wegen vieler politischer Verpflichtungen auch nicht einspringen konnten, musste sie ihre sieben und neun Jahre alten Kinder während der Lehrgänge in einem Kinderheim bzw. Internat unterbringen.
32 Jahre blieb sie Mitglied der Hamburgischen Bürgerschaft, ein Amt, das sie mit Energie und großem Engagement ausfüllte – allerdings, die Bürgerschaft war ein Feierabendparlament, was zur Folge hatte, dass sie aus dieser Tätigkeit keine Rente

94 Elisabeth Ostermeier in: Welt am Sonntag, Nr. 49 v. 8.12.1996

beanspruchen konnte. Elisabeth hatte die typischen Benachteiligungen von Frauen am eigenen Leibe erlebt – ein Grund mehr, dass sie sich ein Leben lang für Frauen und deren Interessen einsetzte.[95]

Rudolf Gottschalk war bis 1953 Distriktvorsitzender der SPD in Harburg und wirkte wesentlich am Wiederaufbau mit. Seit 1945 gehörte er dem Aufsichtsrat der DWG - Deutsche Wohnungsbau-Genossenschaft an, war außerdem seit 1951 Aufsichtsratsvorsitzender des Eisenbahnbauvereins und natürlich war der begeisterte Segler bis zu seinem Tode Mitglied der Seglervereinigung Reiherstieg.
In Harburg wurde nach seinem Tode eine Straße nach ihm benannt: der Gottschalkring. Seine Tochter Elisabeth wurde im Beisein von Helmut Schmidt 1978 nach 1000 Bürgerschaftssitzungen verabschiedet. 1980 erhielt sie die Ehrung „Medaille für treue Arbeit im Dienste des Volkes." Noch im Alter kämpfte sie im Landesseniorenbeirat für die Interessen der Senioren. Und natürlich wurden auch ihre Kinder schon in jungen Jahren Mitglieder der SPD.

Doppelt verfolgt

Besonders betroffen von politischer und rassischer Verfolgung waren „politisch Unzuverlässige" jüdischer Herkunft. Auch der Schutz durch einen nichtjüdischen Ehepartner schwand in den letzten Kriegsjahren. [96]
Ein Beispiel ist die Familie Saalfeld[97]. Eli Saalfeld, 1872 in Rüdersdorf bei Berlin geboren, hatte das Realgymnasium besucht und war über Goslar als Zigarrenmacher nach Hamburg gekommen. Mit seiner Frau Auguste, evangelischen Glaubens, hatte er acht Kinder, Georg, Willi, Flora, Hanna, Hermann, Walter, Rudolf und Kurt. Als Sprecher der Zigarrenarbeitergewerkschaft konnte er mit deren Hilfe ein Zigarrengeschäft an der Ellerntorbrücke in Hamburg eröffnen, das auch Anlaufstelle für die Gewerkschaftsmitglieder war. Er zog anschließend nach Eimsbüttel, Eppendorfer Weg 52.
Die Geschwister Saalfeld gehörten alle ihrem Alter entsprechend den verschiedenen Gruppen der Eimsbütteler Arbeiterjugend an und wuchsen ohne religiöse Bindung mit den Idealen von Sozialdemokratie und Gewerkschaften auf. Folgerichtig führte ihr Weg durch die Arbeiterjugend in die Gewerkschaftsbewegung und die SPD. Sie waren, wie auch der Vater, im sozialdemokratischen Arbeitermilieu als die Saalfelder sehr bekannt. Eli Saalfeld starb schon 1927. Drei seiner Söhne gerieten ins Visier der Gestapo:

- Kurt Saalfeld (*1903) Kaufmännischer Angestellter, Mitglied der SPD 1920-1931, dort Bezirksführer, wurde dann Mitglied der SAP bis 1933. Untersuchungshaft, Zuchthaus 1934-1937. Er war nach seiner Verhaftung im Stadthaus „außergewöhnlich schwerer Folter unterzogen" worden[98]. Er emigrierte 1937 nach Brasilien.

Kurt Saalfeld

95 Vgl. AsF Hamburg. Frauen im Faschismus. Frauen im Widerstand. Hamburger Sozialdemokratinnen berichten, Hamburg, o.D. sowie: Elisabeth Ostermeier in: Frauenbiografien
96 Meyer, Beate: Fragwürdiger Schutz – Mischehen in Hamburg (1933-1945), in: Meyer, Beate (Hrsg.): Die Verfolgung und Ermordung der Hamburger Juden 1933-1945. Geschichte. Zeugnis. Erinnerung, Hamburg 2006, S. 79ff
97 Alle Angaben über die Familie Saalfeld: Hans Saalfeld, inbes. in: Datenbank AvS
98 Saalfeld, Hans, Anm. 90. S. 32

• Rudolf Saalfeld (*1902), Elektriker, später Gewerkschaftssekretär, Distriktführer der SPD. Wegen Wehrunwürdigkeit wurde er entlassen. Mehrfach in Schutz- und Untersuchungshaft, 1 Jahr 6 Monate Gefängnis. Ihm wurde die Fahrerlaubnis entzogen. Nach einer vorübergehenden Beschäftigung musste er im letzten Kriegsjahr aus sogenannten rassischen Gründen zwangsweise Aufräumungsarbeiten leisten. Sofort nach Ende des Krieges hat Rudolf Saalfeld aktiv am Aufbau der SPD und der Gewerkschaften teilgenommen. Er wurde SPD-Distriktsvorsitzender in Eimsbüttel sowie Kreis- und Landesdelegierter der SPD. Zunächst war Rudolf Saalfeld beim Hamburger Arbeitsamt tätig. Dann übernahm er leitende Funktionen in der Gewerkschaft, ab 18. September 1946 DGB-Sekretär und von 1949 bis 1959 1. Bevollmächtigter der Hamburger IG Metall sowie stellvertretender Vorsitzender des DGB-Ortsausschusses Hamburg. Von 1953 bis 1957 gehörte er der Hamburgischen Bürgerschaft an. Zuletzt war er bei den Hamburgischen Elektrizitätswerken und weiter ehrenamtlich im Bereich der SPD und der Gewerkschaften tätig.

Rudolf Saalfeld

• Hermann Saalfeld (*1900), Maschinenbauer bei der GEG, Mitglied des Reichsbanners und der SPD. Er erlitt mehrfach Schutz- und Untersuchungshaft erst aus politischen, dann aus rassischen Gründen. Verlust des Arbeitsplatzes. Weniger Glück hatte er nach 1945. Die Entbehrungen und Belastungen der Verfolgungszeit hatten ihn schwer erkranken lassen, er hatte Lungentuberkulose. 1945 konnte er als Betriebshandwerker und Betriebsrat bei der GEG arbeiten, später als Angestellter beim Ortsamt Farmsen. Gleich nach dem Krieg setzte er sich für den Wiederaufbau der SPD ein, warb neue Mitglieder und wurde Vorsitzender des Distrikts Farmsen. Sein Engagement galt der Jugendarbeit – schon im September 1945 bemühte er sich um den Aufbau der ersten Kinder- und Jugendgruppen, diese Jugendlichen sollten als Demokraten aufwachsen.

Hermann Saalfeld

Er entwickelte weitgehende organisatorische Vorstellungen und als sein Sohn Hans, im Juli 1945 aus der Kriegsgefangenschaft zurückgekehrt, ihn fragte: „Und wer soll das alles machen?“ so antwortete er nur: „Du“. So kam es, dass sein Sohn sich jahrelang in der Arbeit für die Falken engagierte. Hermann Saalfeld konnte nicht einmal mehr die Gründung der Bundesrepublik erleben, er starb im Januar 1949 mit 48 Jahren. Noch heute sind sein Sohn und seine Enkelin in der SPD und der Arbeitsgemeinschaft ehemals verfolgter Sozialdemokraten Hamburg aktiv.

Gleichfalls doppelt verfolgt: Familie Kohn: **Reinhard Nissen**[99] **Kohn** (*1903) und **Gerda Kohn geb. Böckmann** (*1905)
Auch hier kann man von einer sozialdemokratischen „Dynastie“ sprechen. Reinhard Kohn war der Enkel Joseph Berkowitz Kohns (geb. 1841), der bereits unter dem sogenannten „Sozialistenge-

Jürgen Gerda Reinhard Elsbeth Kohn

99 Nach Informationen der Tochter Elsbeth Muche haben sowohl Vater Leo wie auch sein Sohn Reinhard als zweiten Vornamen den Namen Nissen bekommen (nach dem Geburtsnamen von Franziska Nissen), damit sie sich ggf. umbenennen konnten (Mail v. 7.9.2012).

setz" aktives Mitglied mit zahlreichen Ämtern in der SPD war. Reinhards Vater Leo, Prokurist, zweitältester von elf Kindern, war ebenfalls von Jugend an in der SPD, gleichfalls seine Frau Franziska, geb. Nissen, die nicht-jüdischer Herkunft war.
Auch das Leben ihrer Kinder war geprägt durch die Sozialdemokratie: Der Sohn Reinhard war zunächst Mitglied in den Kinderfreunden/SAJ, dann SPD und – nach dem Abitur im Arbeiterabiturientenkurs (zusammen mit Paul Nevermann und Max Raloff) – im Sozialistischen Studentenbund. Er war aktiv im Reichsbanner. 1932 bestand er sein Assessorexamen, begann als Angestellter bei der Hamburgischen Finanzdeputation. 1930 heiratete er Gerda Böckmann (1905), auch sie war mit zwanzig Jahren in die SPD eingetreten. Schon in sehr jungen Jahren hatte sie sich qualifiziert und weitergebildet, nach verschiedenen beruflichen Stationen wurde sie ab April 1930 in Hamburg bei der AWO tätig. Als Leiterin war sie zuständig für ein Kindertagesheim, das einem Frauenwohnheim der AWO am Nagelsweg angegliedert war.
Im Oktober 1933 wurde ihre Tochter Elsbeth geboren, im April 1936 der Sohn Jürgen.

Nach 1933 wegen „nichtarischer" Abstammung und der Mitgliedschaft in der SPD entlassen war Reinhard Nissen Kohn bis April 1934 arbeitslos, arbeitete dann als kaufmännischer Angestellter unter seiner Qualifikation. Im Adolf-von-Elm-Hof in Barmbek-Nord beteiligte er sich an illegalen Aktivitäten, wurde am 8. Mai 1937 verhaftet, am 11. Juli mangels Beweisen entlassen. Von seinem jüdischen Arbeitgeber zwar während der Haftzeit unterstützt, wurde er jedoch erneut bis Anfang 1938 arbeitslos, arbeitete dann bis zum 17. Januar 1945 als Kontorist. Ab 18. Januar musste er dann bis 24. April 1945 wie viele andere rassisch Verfolgte Zwangsarbeit bei lebensgefährlichen Aufräumungsarbeiten im zerbombten Hamburg leisten.
Vater Leo und Sohn Reinhard wurden nicht nur einigermaßen geschützt durch die Ehe mit nicht-jüdischen Frauen, sondern, wie aus Berichten der Tochter Elsbeth hervorgeht, auch dadurch, dass wohlwollende Menschen, Freunde, Nachbarn und andere ihnen beistanden. Die Großeltern Leo und Franziska wurden Anfang 1945 zum Transport nach Bergen-Belsen bestellt, aber zum Glück war der Transport über die Elbbrücken nicht mehr möglich. Allerdings musste die Familie erleben, wie Sophie, die Tante Reinhards, 1943 nach Theresienstadt deportiert und erst 1945 befreit wurde. Sein Onkel Henry Esriel wurde im KZ Dachau ermordet, ein weiterer, Ahron Arnold Kohn, konnte mit seiner Frau nach Brasilien auswandern.[100] Beide, Gerda und Reinhard, traten wieder in die SPD ein und hatten wesentlichen Anteil am Aufbau der Arbeiterwohlfahrt in Barmbek.
Ab 1. Mai konnte Reinhard Nissen Kohn weiterhin als Kontorist bei seiner alten Firma arbeiten, bis er am 1. November 1945 als wissenschaftlicher Angestellter in der Baubehörde eingestellt wurde. Im darauf folgenden Jahr wechselte er zum Ausgleichsamt und widmete sich mit großem Engagement der Bearbeitung der Wiedergutmachungsanträge der NS-Opfer. Schließlich übernahm er die Leitung der Eigenunfallversicherung. Mit der Wiedereinrichtung der Landessozialgerichtsbarkeit 1954 wurde er zum Senatspräsidenten und stellvertretenden Präsidenten am Landessozialgericht berufen. Er engagierte sich besonders in der Arbeiterwohlfahrt, die ihn mehrmals als erfolgreichsten ehrenamtlichen Mitarbeiter in der Bundesrepublik auszeichnete.
In der Parteiarbeit war Ehefrau Gerda aktiv. Über Jahrzehnte, als Mitglied der Bezirksversammlung Hamburg-Nord und zuletzt als Ortsausschussvorsitzende, gestaltete sie die Kommunalpolitik in Barmbek mit. Später übernahm Gerda Kohn den örtlichen AWO-Distrikt und kümmerte sich um die Altenarbeit. Für ihr soziales Engagement wurden Gerda und Reinhard Kohn 1984 mit der Hamburger „Medaille für

100 Information Elsbeth Muche, geb. Kohn (Mail v. 7.9.2012)

treue Arbeit im Dienste des Volkes“ ausgezeichnet.[101]
Da Vorbild der Eltern hat die Kinder geprägt. Die Tochter Elsbeth und Sohn Jürgen sind in der 4. Generation, der Enkel Sven-Ulrich Muche in der 5. Generation Mitglieder der SPD. Der Sohn Jürgen engagiert sich nach wie vor in der Arbeitsgemeinschaft ehemals verfolgter Sozialdemokraten, die Tochter Elsbeth, in Frankfurt lebend, erhielt für ihr vielfältiges ehrenamtliches Engagement neben anderen Auszeichnungen das Bundesverdienstkreuz.

Bei der **Familie Raloff**[102] traf es gleich sechs Brüder – und nicht zuletzt ihre Mutter Bertha (*1876). Schon der Vater von Bertha Raloff war Mitglied der SPD und Bertha, in Altona aufgewachsen, war 1906 zusammen mit ihrem Mann nach Eimsbüttel gezogen, beide waren fest in Partei und Gewerkschaft verankert. Bertha war im I. Weltkrieg zur USPD gewechselt, trat aber 1922 wieder der SPD bei. Sie wurde Mitglied des Gesamtelternrats und war aktiv im Distriktvorstand und bei Kinderfreizeiten der Arbeiterwohlfahrt. 1933 war das alles vorbei. Sie starb 1939.

Familie Raloff im Sommer 1918

Seit 1929 Witwe musste sie erleben, wie ihr ältester Sohn **Karl**, Redakteur in Hannover und Reichstagsabgeordneter, 1933 Hals über Kopf nach Dänemark fliehen musste. Der Zweitälteste, **Heinrich**, vor 1930 bekannt als Führer des Reichbanner Schwarz-Rot-Gold an der Hamburger Universität, wurde als „politisch Unzuverlässiger“ nach seiner glänzend bestandenen Assessorprüfung 1935 nicht in den Staatsdienst über-

101 Mehr Informationen in: Für Freiheit und Demokratie. Hamburger Sozialdemokraten und Sozialdemokratinnen in Verfolgung und Widerstand 1933-1945, Hrsg. SPD Hamburg 2003,S. 88f; s. auch Datenbank AvS sowie Saloch, Reinhard / Thiele, Dieter: Gerda Kohn – Ein tätiges Leben, Hamburg 1995
102 Die Lebensgeschichte der Brüder Raloff detailliert in: Kutz-Bauer, Helga/Max Raloff: Aufstieg durch Bildung. Eine sozialdemokratische Erfolgsgeschichte, Friedr.-Ebert-Stiftung, Reihe Gesprächskreis Geschichte, Heft 94, Bonn 2012. PDF: http://library.fes.de/pdf-files/historiker/09112.pdf

nommenund auch nicht als Rechtsanwalt zugelassen. **Georg**, Distriktsleiter in Eimsbüttel, wurde verhaftet und im Stadthaus schwer misshandelt. Ihr Sohn **Max** verlor seine Stelle beim Arbeitsamt. **Friedel**, Amtsrichter in Itzehoe, wurde unter Druck Mitglied im NS-Kraftfahrerkorps und hielt dort Vorträge über Rechtspflege, als man ihn allerdings als Richter an das Sondergericht in Kiel versetzen wollte, meldete er sich freiwillig zur Wehrmacht. Er war der einzige der sechs Brüder, der nicht überlebte. Der Jüngste, **Gottlieb**, konnte die angebotene Assistentenstelle nicht antreten, er wurde ebenfalls zum Staatsdienst nicht zugelassen.
Ihr Verbrechen: Alle sechs Brüder waren aktiv bei der SPD und besonders im Reichsbanner. In einer bitterarmen Arbeiterfamilie aufgewachsen hatten sie nach besten Schulleistungen sich weitergebildet – einige auch über die neu eingerichteten Arbeiter-Abiturientenkurse – verantwortungsvolle Positionen errungen, nun hieß es nur noch: mit Anstand überleben!
Keiner von ihnen kam in Versuchung, der NSDAP beizutreten, sie entzogen sich allen Angeboten und ließen sich auch nicht unter Druck setzen. Max, der dann nebenbei seine Prüfung als Diplom-Versicherungs-Sachverständiger abgelegt hatte, arbeitete bei dem Deutschen Ring, Heinrich war zunächst bei der Handelskammer in Harburg, dann wurde er Geschäftsführer der Vereinigung der Handelsvertreter und Handelsmakler. Georg, zunächst unter Polizeiaufsicht, wurde auf Antrag der Handelskammer wegen seiner Kenntnisse Saatenfachmann für die Handelsgesellschaft Ost[103].
Gottlieb, der Jüngste, vor 1933 Vorsitzender der Pädagogik-Studentenvereinigung, unterrichtete zunächst in Schleswig-Holstein, dann in der privaten Grone-Handelsschule in Hamburg. 1940 bis Herbst 1944 als Soldat in Norwegen wurde er kurz vor Kriegsschluss im Elsass eingesetzt und geriet für ein Jahr in Kriegsgefangenschaft.

Karl, der nach der Besetzung Dänemarks nach Schweden hatte flüchten müssen, kehrte erst 1946 zu seiner Familie nach Dänemark zurück, die, wie er selber, eine schwere Zeit in bitterster Armut durchlebt hatte. Doch die Familie hatte sich dort eingelebt, Karl wurde Vertreter der dpa in Skandinavien, später Presseattaché an der Deutschen Botschaft in Kopenhagen. [104]
Nachdem er 1940 eingezogen worden war, wurde Max bei Kriegsende mit seiner Einheit in Kaltenkirchen stationiert und konnte infolgedessen unmittelbar nach der Kapitulation an seinen Arbeitsplatz beim Deutschen Ring zurückkehren. Dort wurde er am 22. Juni 1945 auf Grund einer Intrige zunächst auf angebliches Verlangen der britischen Militärregierung entlassen, nach seiner Rehabilitierung und nach der Liquidation des Deutschen Ringes Sozialdirektor bei der Nachfolgeorganisation „Neue Welt" der Deutschen Angestelltengewerkschaft (DAG). Er war Kreisvorsitzender der Arbeiterwohlfahrt, Revisor im Kreisvorstand Nord der SPD, Bezirksabgeordneter und wurde der erste gewählte Vorsitzende der Bezirksversammlung Nord.
Auch Heinrichs erfolgreiche Einstellung als Geschäftsführer nach seiner Rückkehr aus der Kriegsgefangenschaft versuchte man - vergeblich - zu verhindern. Er wurde Deputierter der Wirtschaftsbehörde und Mitglied des Messeausschusses.
Gottlieb konnte seine 2. Lehrerprüfung jetzt ablegen, wurde Lehrerausbilder und schon mit 40 Jahren zum Regierungsdirektor, später zum Senatsdirektor ernannt. Er war Nachfolger des legendären Oberschulrates Max Zelck als Leitender Fachbeamter der Jugendbehörde.

103 Die Zentrale Handelsgesellschaft Ost war zur Ausbeutung der okkupierten östlichen Gebiete gegründet worden (Reichskommissariat Ostland, Ukraine). Zu ihren Aufgaben gehörte unter anderem die Erfassung und Bereitstellung von Saatgut und Sämereien. Die Ausplünderung dieser Gebiete trug zur Hungersnot und Millionen von Hungertoten bei.
104 Raloff, Karl: Ein bewegtes Leben. Vom Kaiserreich zur Bundesrepublik. Eingeleitet und kommentiert von Herbert und Sybille Obenhaus, Hannover 1995. (Autobiographie; postum veröffentlicht)

Georg, beschäftigt bei der Hamburger Einfuhr- und Vorratsstelle, gehörte von 1946 bis 1965 der Hamburgischen Bürgerschaft an, zunächst für Bergedorf, später Bramfeld. Im Zusammenhang mit dem Bau der Siedlung Steilshoop hat er sich sehr für die Belange der Anlieger und insbesondere der Kleingärtner, die dort vorher siedelten, eingesetzt. Deshalb ist dann dort später der Georg-Raloff-Ring nach ihm benannt worden.[105]

In den beiden folgenden Familien, Keilhack und Karpinski, dominieren die Frauen, alle beide schon vor 1933 maßgeblich in der SPD aktiv, deren Ehemänner als Sozialdemokraten Haft bzw. Arbeitsplatzverlust mit ihnen teilten. Beide Frauen gehörten zu den wenigen Senatorinnen/Ministerinnen in den Jahren nach 1945 und aufgrund zahlreicher Interviews sind ihre Lebensgeschichten gut dokumentiert.[106] Daher soll im Folgenden vor allem das gemeinsame Schicksal dargestellt und die auffallenden Gemeinsamkeiten dieser beiden Familiengeschichten herausgearbeitet werden.

Irma Keilhack

Adolf Keilhack

Adolf Keilhack (*1907) und **Irma Keilhack** (*1908), geb. Schweder hatten sich bei den Jungsozialisten kennengelernt. Beide gehörten zu den herausragend aktiven jungen Sozialdemokraten vor 1933. Adolf war als Angestellter seit 1930 zuständig für die Agitations- und Organisationsarbeit der SPD im Hamburger Landgebiet, Irma Schweder, aus einer sozialdemokratischen Arbeiterfamilie stammend, wurde nach dem Besuch der Heimvolkshochschule Tinz Sekretärin des Parteivorsitzenden Karl Meitmann. Beide wurden bei der sogenannten „Echo-Versammlung" im Juni 1933 verhaftet und durch das Verbot der SPD arbeitslos.

Paula Karpinski

Paula Karpinski (*1897), **geb. Thees**, seit 1920 mit dem sozialdemokratischen Architekten **Carl Karpinski** (*1896)[107] verheiratet, ein Sohn (*1930), kam ebenfalls aus einer sozialdemokratischen Arbeiterfamilie. „Meine Mutter las uns aus dem „Hamburger Echo" die Reichtagsberichte vor."[108] Sie wurde zunächst als Kontoristin ausgebildet und nach dem Besuch des sozialpädagogischen Instituts schloss sie ihre Ausbildung als staatlich geprüfte Wohlfahrtspflegerin ab. Sie fiel bald als „politisches Talent" auf. Seit 1913 in der SPD wurde sie 1928 Mitglied des Parteivorstands und des Frauenausschusses.
Paula Karpinski wurde schon 1931 Mitglied der Bürgerschaft

105 Auskünfte Helmut Raloff, 11.10.2012
106 Paula Karpinski und Irma Keilhack in: Datenbank AvS; Frauenbiografien; AsF Hamburg (Anm. 95); Der alltäglich Faschismus (Anm. 88); Grolle, Inge/ Bake, Rita: „Ich habe Jonglieren mit drei Bällen geübt". Frauen in der Hamburgischen Bürgerschaft 1946 bis 1993, Hamburg 1995; u.a.m.
107 In ihren Interviews erzählt Paula Karpinski wenig über die Zeit zwischen 1933 und 1945 und ihren Mann Carl. Detailliertere Informationen in: Hagemann, Karen: Frauenalltag und Männerpolitik. Alltagsleben und gesellschaftliches Handeln von Arbeiterfrauen in der Weimarer Republik. J.H.W. Dietz, Bonn 1990, S. 345ff
108 Zeitzeugin Paula Karpinski, in: Grolle, Inge/Bake, Rita, (Anm. 106), S. 60

und gehörte zu den im Juni 1933 verhafteten Personen. Ihr Mann, Vorsitzender der Technikergewerkschaft Hamburg, verlor seinen Arbeitsplatz. 1944 wurde sie noch einmal sieben Wochen im KZ Fuhlsbüttel inhaftiert.

Irma Schweder/Keilhack, noch unverheiratet, ebenfalls arbeitslos geworden, zog zu ihren Eltern. Sie schildert eindrucksvoll, wie sie 1933 versuchten, Parteigelder zu retten, Mitgliederlisten verschwinden zu lassen, Fahnen, Bücher, Papiere zu verstecken.[109] Nach ihrer Entlassung aus der Haft verkaufte sie Haushaltswäsche als Vertreterin von Wohnung zu Wohnung, sie konnte dabei Kontakte mit Genossen aufrecht erhalten und Nachrichten übermitteln. Man tarnte sich als Wandergruppe, legte Schrebergärten an: „Bei uns in Bergstedt tauchten plötzlich noch andere alte Sozialdemokraten und Kommunisten als Schrebergärtner auf." Doch bis 1937/38 wurde sie immer wieder zu Befragungen zur Gestapo geholt.
1934 heiratete sie, weil Adolf Keilhack Arbeitsverbot für Hamburg hatte und nur so nach Hamburg zurückziehen durfte. Als er 1940 eingezogen wurde, übernahm sie seine Arbeit als Grundstücksverwalter, bis durch die Bombardements alles zerstört wurde und sie die Firma liquidieren musste. Auch ihre Wohnung wurde zerbombt und, bereits schwanger, entkam sie mit knapper Not dem Flammeninferno. Typisch war ihre Reaktion, als sie die Flammen am Haus hochschlagen sah: „Ich hab nur gedacht: Deine schönen Bücher!" Ihr Sohn wurde im November 1943 geboren und bis weit über das Kriegsende hinaus lebten sie in der Schrebergartenkolonie. Adolf Keilhack lag bis 1945 verwundet im Lazarett in Lübeck, befolgte nicht den letzten Einsatzbefehl und schlug sich nach Bergstedt in die Schrebergärten durch.

„Nie wieder in die Politik gehen!" – wie Adolph Schönfelder hatte auch Irma Keilhack bei Kriegsende diesen Vorsatz. Doch beide, als sie aufgefordert wurden, gingen sofort. Irma Keilhack wurde schon beim 1. Landesparteitag 1946 in den Landesvorstand gewählt Sie nahm als Delegierte am 1. Parteitag der SPD in Hannover im Mai 1946 teil. Nach einer Familienpause wurde Irma als Abgeordnete für den Kreis Wandsbek in den Bundestag gewählt, wo sie auch dem Fraktionsvorstand angehörte. Sie blieb Abgeordnete bis zur Niederlegung des Mandats im Januar 1962, als sie zur Senatorin ernannte wurde.
Adolf Keilhack stellte sich unmittelbar nach Kriegsende dem Wiederaufbau der SPD zur Verfügung. Ab dem ersten 1. November 1945, noch bevor die SPD in Hamburg offiziell von der britischen Militärregierung genehmigt worden war, wurde Adolf Keilhack von der Partei wieder als Sekretär beschäftigt. Am 31. Dezember 1953 schied er aus dem Parteidienst aus, um am 1. März 1954 die Geschäftsführung der Wohnungsbaugenossenschaft Gartenstadt Hamburg zu übernehmen. Adolf Keilhack gehörte von 1957 bis 1961 der Hamburgischen Bürgerschaft an.

Carl Karpinski wurde Mitglied der Ernannten Bürgerschaft (Februar bis Oktober 1946), beide, Paula und Carl wurden dann im November in die erste Bürgerschaft gewählt. Max Brauer berief die energische Frau als Senatorin für Jugend in den Senat. Bis 1961 kämpfte sie für Jugendheime, Kinderspielplatze, Sportstätten. Unter den Genossen hieß es: „Paula ist der einzige Mann im Senat." 1961 schied sie aus Altersgründen aus, Irma Keilhack wurde ihre Nachfolgerin. Bis 1968 blieb Paula Karpinski in der Bürgerschaft und war danach noch lange ehrenamtlich tätig. Sie starb geehrt und hochverehrt im März 2005 mit 107 Jahren.

109 Gespräch mit Ingrid Fischer, (Anm. 88) S. 122

Carl Karpinski

Carl Karpinski gelang es nach 1945 zusammen mit anderen, die politisch belasteten führenden Mitglieder des Bundes Hamburger Architekten auszuschalten und mit der Neugründung des Bundes Deutscher Architekten Hamburg (BDA) unter seiner Führung auch das Hochhausprojekt Grindelhochhäuser der Architektengemeinschaft des BDA zu sichern.

Beide, Paula Karpinski und Irma Keilhack, haben im Senat als verantwortliche Senatorinnen für Jugend und Sport unter unvorstellbar schwierigen Verhältnissen und schlechten Bedingungen vieles für die Kinder und Jugendlichen der Stadt erreicht: Jugendfürsorge, betreute Kinderspielplätze und Jugendheime in einer Zeit, in der Tausende von Jugendlichen heimat- und elternlos waren. Paula Karpinski schuf sich selbst ein Denkmal, indem sie gegen alle Widerstände die Errichtung der Jugendherberge auf dem Stintfang mit Blick über den Hafen durchsetzte. Irma Keilhack setzte diese Politik fort, mit Maßnahmen der Kinder- und Jugendhilfe, Elternbildung und der Gründung von Verbraucher- und Beraterorganisationen. Sie starb 2005 mit 93 Jahren. Beide betonten bei Interviews, dass sie diese anspruchsvollen Aufgaben nur schafften, weil ihr Partner sie unterstützte und sie Hilfskräfte engagierten, denn: der Arbeitstag war unbegrenzt.

6. Starke Frauen

In Hamburg waren in der Zeit der Weimarer Republik mehr Frauen in der SPD organisiert als in anderen Teilen Deutschlands. Das lag auch daran, dass in Hamburg schon im Kaiserreich ein liberales Vereinsrecht galt, im Gegensatz zu Preußen und anderen Staaten des Deutschen Reichs, in denen bis 1908 Frauen die Mitgliedschaft und die Mitarbeit in politischen Vereinen verboten war. 1891 hatte die SPD das Frauenstimmrecht in ihr Grundsatzprogramm aufgenommen. Auch der linksbürgerliche Verein für das Frauenstimmrecht wurde 1902 in Hamburg gegründet. 1919 betrug der Frauenanteil in der Hamburger SPD 23,5 %, im Reich dagegen nur 20.4 %.[110]

Für nahezu alle Frauen, die vor 1933 aktiv in der SPD tätig waren, waren die Jahre zwischen 1933 und 1945 eine Zeit der Not und des Schreckens. 1933 verloren diese Frauen, soweit sie berufstätig waren, ebenso wie ihre Männer nicht selten den Arbeitsplatz. Einige wurden bereits im Juni 1933 verhaftet – so zum Beispiel Katarina Corleis, Mutter von fünf Kindern, die in einer Billstedter Gruppe an der Sammlung von Geldern für die SPD beteiligt war. Nur acht Tage nach ihrer Verhaftung, am 26. Juni, war sie tot – angeblich hatte sie sich in ihrer Zelle erhängt – die Angehörigen durften den Leichnam nur von Ferne sehen. Vier weitere Sozialdemokratinnen wurden bereits am 16. Juni zusammen mit der gesamten Führung der Hamburger SPD verhaftet, aber anders als ihre Genossen nach einigen Tagen frei gelassen.[111]

Nicht nur Widerstandsaktivitäten führten in den Folgejahren zur Anklage wegen Hochverrats. Bei der sogenannten „Aktion Gewitter (auch: Aktion Gitter)“, nach dem Attentat am 20. Juli 1944, hatte die Gestapo reichsweit eine Vielzahl früherer Sozialdemokraten, unter ihnen eben auch Frauen, verhaftet und erst nach Wochen oder Monaten oder auch gar nicht entlassen.
Schwerer traf es schon vorher diejenigen, die selber oder deren Ehemann einer Widerstandsgruppe angehörten. Untersuchungshaft von mehreren Monaten, teilweise in Einzelhaft, später verschärfte Gefängnishaft, waren keine Einzelfälle. Schlimmer noch war es gegen Kriegsende, auch ohne Prozess konnten KZ oder gar die Todesstrafe drohen.

Allen hier geschilderten Frauen war gemeinsam, dass in der Regel sie aus einem sozialdemokratischen Elternhaus stammten und ihr (manchmal späterer) Ehemann ebenfalls Sozialdemokrat war. Das bedeutete auch Arbeitslosigkeit und Ausgrenzung. Es konnte so weit gehen, dass Frauen unter Druck gesetzt wurden, sich von ihrem im KZ einsitzenden Mann scheiden zu lassen, denn als „politisch unzuverlässig“ bekamen sie nicht einmal die gleichen sozialen Hilfen wie andere.[112] Allerdings wird in Lebenserinnerungen ehemals Verfolgter vielfach darauf hingewiesen, dass ihnen über die alten Kontakte Arbeit vermittelt oder anderweitig geholfen wurde. Der Historiker Walter Tormin verweist auf Berichte, nach denen sich Sozialdemokraten sofort „an einem Blick oder einem Wort erkannten.“ Der organisierte Widerstand war zwar 1937/38 zerschlagen, aber „der Widerstand verlagerte sich von der äußeren Aktivität mehr in die innere Haltung“.[113]

110 Vgl. Hagemann, Karen: Anm.107 S. 571
111 Detailliert dazu: Martens, Holger: Anm. 67
112 Vgl. Roepert, Helga: „Anfang 1935 flog die Gruppe meines Vaters auf....“ Erinnerungen einer Sozialdemokratin an eine glückliche Kindheit in schrecklichen Zeiten, Hg. Fr.-Ebert-Stiftung Reihe Gesprächskreis Geschichte,. Heft 85, S.33f
113 Vgl. Tormin, Walter: Verfolgung und Widerstand von Hamburger Sozialdemokratinnen und Sozialdemokraten 1933–1945. Ein Überblick, in: Für Freiheit und Demokratie: Hamburger Sozialdemokratinnen und Sozialdemokraten in Verfolgung Widerstand 1933-1945, SPD Landesorganisation Hamburg, 2003, S. 10–22.

Hilfe kam sogar manchmal von unerwarteter Seite, von Lehrern, Vorgesetzten, ja sogar von Polizisten.[114] Manchmal auch anonym, Geld oder Essen war nachts vor die Tür gelegt worden.

Man sollte keinesfalls übersehen: Viele dieser Frauen waren Mütter. Alle erlitten auch das, was viele Frauen in jener Zeit durchmachten: Bombenkrieg, Hunger, Flucht, Angst um den Ehemann. Und das blieb nicht ohne Auswirkungen auf die Kinder, die außer diesen Ängsten auch wahrnahmen, dass sie Außenseiter waren. Materielle Not durch die Entlassungen 1933 kam hinzu, vielfach wird erwähnt, dass die Kinder die weiterbildenden Schulen deshalb nicht (weiter) besuchen konnten.

Die Wahrnehmung war umso schärfer, wenn Kinder zwischen 1925 und 1935 geboren waren. So berichtet Thea Schönfelder, Tochter des früheren Innensenators: „An die Stelle des mächtigen Vaters trat ein gedemütigter, deprimierter Mann, dessen Stimmung wie eine graue Wolke über uns hing...Erst im Nachhinein, nach vielen Jahren, habe ich mir eingestehen können, was ich alles anstellte, um ihn und damit uns zu beschützen. Anpassung, Anpassung, mit den Wölfen heulen, nie unangenehm auffallen...lederbemäntelte Männer, die nachts auch im Kinderzimmer verbotene Schriften suchten."[115]
Schon vor 1933 ging es los. Johannes Schult berichtet: „Nazis belästigten mich und meine Kinder auf offener Straße und drohten mit Prügeln, Beinebrechen, Erschlagen und Hängen."[116]
Und was mochte wohl in Elsbeth Kohn vorgegangen sein, 1932 geboren, vier Jahre älter als ihr Bruder, wenn ihre Eltern, beide bekannte Sozialdemokraten, der Vater sogenannter „Halbjude", gemeinsam die Wohnung verließen, ihr Geld auf den Tisch legten mit der Anweisung: „Hier ist Geld, wenn wir nicht wieder kommen, fahrt zu den Großeltern und kümmere dich um Deinen Bruder!"[117] Und wenn nach der Evakuierung auf dem Schulweg von Horst nach Maschen eine fanatische NS-Frau das Kind ohrfeigt und belästigt, oder wenn die Fahrradreifen an der Schule zerstochen werden...
Die meisten dieser Söhne und Töchter gingen nicht zur HJ oder zum BDM – standen also außerhalb der „Volksgemeinschaft" – oder sie wussten um die Gefährdung ihrer Eltern und gingen trotzdem, auf deren Wunsch und um sie zu schützen. In ihren Erinnerungen berichten sie beispielsweise, wie sie lernten zu schweigen oder verklausuliert den Eltern aus der Kinderlandverschickung Nachrichten zukommen zu lassen.[118] Einzelne Nazi-Lehrer ließen sie spüren, dass sie und ihre Familien nicht dazugehörten. Dass ein derartiges Leben für die Kinder zu traumatischen Belastungen führte, wird deutlich aus vielen dieser Lebenserinnerungen. Häufig wird das nur ganz nebenbei erwähnt: Panikanfälle, Essstörungen, depressive Phasen.

114 Eindrucksvolle Schilderungen der Hilfe für Verfolgte in: Hoppe, Ulrike (Hg.): „und nicht zuletzt Ihre stille Courage". Hilfe für Verfolgte in Hamburg 1933-1945, Hamburg 2010; sowie Dokumentation Stadthaus in Hamburg. Gestapo-Hauptquartier von 1933 bis 1943, hrsg. von der Gewerkschaft ÖTV-Bezirksverwaltung Hamburg, Hamburg 1981; Episoden stillschweigender Toleranz bei resistentem Verhalten sind geschildert in den Erinnerungen Thea Louise Schönfelders, in: Bake, Rita: Anm. 2 (Vorwort), S.43
115 Ebenda, S. 42
116 Lindemann, Eva, Johannes Schult: „...von der inneren Ablehnung bis zur Auflehnung ist ein weiter Schritt..." Eine Persönlichkeitsskizze, in: Hoppe, Ulrike (Hg.): „...und nicht zuletzt Ihre stille Courage". Siehe Anm. 11 S. 51
117 Tel. Interview Elsbeth Muche, geb. Kohn, 13.7.2012
118 Susanne Hensse/ Helga Kutz-Bauer: Drei Pfeile in der Kulmer Gasse. Hamburg-Bamberger Erinnerungen einer Hamburger Sozialdemokratin, Hamburg 2011, S. 21/22

Aus den Erinnerungen wird aber auch deutlich, was nach 1945 die Gruppen der Kinderfreunde – z.B. die „Kellerpflanzen" in Barmbek und die Falkengruppen für Kinder von ehemals Verfolgten bedeuteten – frei atmen, ein neues Leben, Freunde. Erst ab Mitte der 50er Jahre lösten sich diese eng verbundenen Gruppen auf, doch einzelne der Alten treffen sich noch heute.

Grete Zabe

Bei den meisten dieser politisch wachen und aktiven Frauen, die in der Zeit des NS-Regimes in die Fänge der Gestapo gerieten, zeigt sich ein gleichartiges Muster. Schon durch ihre Familien waren sie bereits in früher Jugend Mitglied in sozialistischen Gruppen geworden, waren in der SPD aktiv, versuchten sich weiterzubilden, ihr Freund oder Ehemann war ebenfalls Sozialdemokrat. Allerdings bleibt festzustellen, dass schon vor 1933 der Anteil der nicht verheirateten oder (Klein-)kinderlosen Frauen unter den leitenden Funktionärinnen der SPD wesentlich höher war als unter den weiblichen Parteimitgliedern.[119]

Johanna Reitze

Unter den älteren Frauen ist da zum Beispiel **Grete Zabe** (*1877) mit drei Kindern (1898, 1902 und 1906 geboren) eher eine Ausnahme, 1907 in die SPD eingetreten wird sie bereits 1913 Mitglied des Distriktvorstands und ist dann von 1919 bis 1933 Mitglied der Hamburgischen Bürgerschaft. Ihre Altersgenossin **Johanna Reitze** (*1878) dagegen war kinderlos, hatte sich auf der Parteischule weitergebildet, gehörte dem Landesvorstand, 1919/20 der Hamburgischen Bürgerschaft und von 1919-1933 der Nationalversammlung bzw. dem Reichstag an. Beide Frauen haben sich besonders für Frauen- und soziale Fragen engagiert. Das Gleiche gilt für **Louise Schroeder** (*1887) aus Altona, die, aus einer sozialdemokratischen Arbeiterfamilie stammend, dennoch einen eindrucksvollen beruflichen Aufstieg machte und bis 1933 zahlreiche politische Ämter innehatte. Als Oberbürgermeisterin von Berlin 1947/48 wurde sie bundesweit bekannt.

Louise Schroeder 30.4.51.

Als „die Generation danach" könnte man die ab Mitte der 90er

119 Hagemann, a.a.O., S. 575 f

Jahre bis etwa 1905 geborenen Frauen bezeichnen, die vor 1933 und vor allem nach 1945 maßgebliche Funktionen wahrgenommen haben. Zu diesen Jahrgängen, sämtlich beruflich und persönlich durch die Verfolgung nach 1933 betroffen, gehören insbesondere **Ida Feist, geb. Palthus** (*1903), **Hedwig Günther, geb. Brosterhues** (*1896), **Paula Karpinski**[120] **geb. Thees** (*1897) (s. Kap. 5), **Anni Kienast** (*1897), **Gertrud Lockmann, geb. Buschow**, (*1895), **Anna Kothe** (*1898.) (Foto: AdsD)

Paula Karpinski

Irma Keilhack (s. Kap. 5), **geb. Schweder** (*1908) kann man wiederum zu der nächsten Generation zählen, ebenso wie **Emmi Kalbitzer, geb. Volkmann** (*1912), **Käthe Strutz, geb. Mehrens** (*1912), **Luise Gabriely, geb. Zobel** , (*1911), **Erna Mayer, geb. Lange** (*1912), **Erna Kakies, geb. Mros** (*1906), **Elisabeth Ostermeier, geb. Gottschalk** (1911) (s. Kap. 5) und **Marta Damkowski, geb. Bröker** (*1911). Bei den nach 1893 geborenen und verheirateten Frauen fällt auf, dass alle, die Kinder haben – bis auf Elisabeth Ostermeier und Emmi Kalbitzer – es bei einem Kinde belassen. Diejenigen, welche seit 1933 besonders der Verfolgung ausgesetzt waren, so zum Beispiel Ida Feist, Irma Keilhack, Erna Mayer und Marta Damkowski, bekamen ihre Kinder zwischen 1937 und 1947. Dass politische Arbeit in exponierter Funktion für Mütter kaum möglich war ohne eine Hilfe im Haus, wird deutlich z.B. aus Gesprächen und Berichten von Irma Keilhack und Marta Damkowski. Elisabeth Ostermeier brachte ihre Kinder in der Zeit, in der sie und ihr Mann beruflich und politisch stark gefordert waren, in einem Internat unter.

Gertrud Lockmann

Allen gemeinsam war auch der Wille zu beruflichem Aufstieg und Bildung. Weiterbildung über Schulungskurse und Abendkurse spielte nach 1919 für die jungen Frauen aus sozialdemokratischem Milieu in Hamburg eine erhebliche Rolle. Der Frauenanteil bei diesen Kursen betrug im Durchschnitt ca. 35 %, d.h. das übertraf den Anteil an weiblichen Parteimitgliedern überhaupt.[121] Besonders beliebt waren die dreiwöchigen „Internatskurse", doch für diese musste man vom Distrikt vorgeschlagen werden, daher betrug der Frauenanteil selten mehr als zehn Prozent. Die wohl gründlichste Weiterbildung vermittelte die Heimvolkshochschule Tinz in Thüringen. Ein fünfmonatiger Frauenkurs dort war für die Kolleginnen/Freundinnen Keilhack und Feist die Voraussetzung, im Parteibüro der SPD Hamburg zu arbeiten. Für Elisabeth Rudolph/Ostermeier war es der größte Wunsch, der nicht in Erfüllung ging.

Hedwig Günther

Irma Keilhack 1962

120 Irma Keilhack, Paula Karpinski und Elisabeth Ostermeier vgl. Kap. 5
121 Hagemann, Anm. 107, 597ff

Verglichen mit den vielen ehemals verfolgten Hamburger Sozialdemokraten waren vergleichsweise wenige Frauen im Widerstand eigenständig aktiv. Unter den etwa 1800 Personen waren nur 128 Frauen (7 %). Viele unterstützten stillschweigend ihren Mann bei seinen Aktivitäten, hielten alte Kontakte aufrecht, kassierten Hilfsgelder und anderes mehr. Auch sie wurden oft genug zusammen mit ihrem Mann oder Freund verhaftet, aber meistens nach wenigen Tagen entlassen. Bewusst eingebunden in die Widerstandstätigkeit waren in erster Linie junge Frauen bevor sie heirateten. Noch eines fällt auf: unter diesen sind frühere ISK- bzw. SAP-Mitglieder mit Marta Damkowski, Emmi Kalbitzer, Erna Mros/Kaies, Erna Mayer, Luise Gabriely überproportional vertreten. Eher eine Ausnahme ist **Gesa Schneider, geb. Sperling** (*1919), die als Kind faktisch in die Widerstandsarbeit ihres Vaters, eines Sozialdemokraten, und der (zum Teil kommunistischen) Verwandtschaft hineingezogen wurde.

Als Ergebnis seiner Recherchen, die vor allem auf Informationen aus Akten des Amtes für Wiedergutmachung beruhten, kam der Historiker Holger Martens zur Schlussfolgerung: „...dass der geringe Anteil der Frauen unter den aufgelisteten Verfolgten damit zusammen hängt, dass Frauen seltener politisch begründete Berufsschäden nachweisen konnten und dass verhältnismäßig wenig Frauen länger als einen Monat in Haft waren. Ein Monat Haft, das war die gesetzlich festgelegte Mindestzeit, die einen Entschädigungsanspruch begründete.“[122] Häufig hatten die Männer die Schuld auf sich genommen. Es entsprach außerdem dem Frauenbild der Nazis, einer Frau, die sich dumm stellte und angeblich von allem nichts gewusst hatte, zu glauben. Dass viele dieser Frauen mit ihren Kindern nach der Verhaftung oder Emigration des Mannes in große soziale Not gerieten begründete keinen eigenständigen Wiedergutmachungsanspruch.

Dem Internationalen Jugendbund (IJB), 1917 gegründet und 1925 als ISK weiter geführt, gehörten schon – bedingt durch die Kriegssituation im Ersten Weltkrieg – seit der Gründung besonders viele junge Frauen aus dem sozialistischen Umfeld an. Nelson und seine Lebensgefährtin Minna Specht hatten die Gabe, junge Menschen zu faszinieren. Susanne Miller, selber Mitglied des ISK: „Die verhältnismäßig große Zahl der weiblichen Mitglieder im IJB und später im ISK hatte aber wohl auch mit Nelsons – nicht einseitiger – Anziehungskraft auf Frauen zu tun und mit seiner Vorurteilslosigkeit in der Schätzung ihrer geistigen und moralischen Qualitäten.“[123] Schon im Sommer 1932 begann der ISK, sich auf Verfolgung und Illegalität vorzubereiten. Diese Vorbereitung ermöglichte es dieser relativ kleinen Gruppe, bis zu der Verhaftungswelle 1937/38 systematische und effektive Widerstandsarbeit zu leisten.

Eine von ihnen war **Marta Damkowski, geb. Bröker**. Sie war herausragend in ihrer ebenso engagierten wie überlegten Widerstandstätigkeit Auch sie stammte aus einer sozialdemokratischen Familie – der Vater Stadtverordneter und die Mutter Kreistagsabgeordnete für die SPD in Schleswig-Holstein. Als Sechzehnjährige war sie bei der SAJ, trat jedoch ein Jahr später, 1928, dem Internationalen Jugendbund Nelsons bei, da sie die zu lasche Haltung der SPD gegenüber den reaktionären Kräften in der

122 Vortrag Holger Martens 2004
123 Miller, Susanne: „Ich wollte ein anständiger Mensch bleiben.“ Frauen des Internationalen Sozialistischen Kampfbundes (ISK), in: Wickert, Christl (Hg.): Frauen gegen die Diktatur – Widerstand und Verfolgung im nationalsozialistischen Deutschland, Berlin 1995, S. 106

Weimarer Republik ablehnte.[124]
Als sie achtzehn Jahre alt war, wurde ihr ein Stipendium an der Philosophisch-Politischen Akademie des ISK bei Melsungen (Nordhessen) angeboten. In dem auf drei Jahre angelegten Unterricht wurde nach der „sokratischen Methode“ gearbeitet, nach einem didaktischen Konzept, das den Stoff interaktiv vom Lehrer und den Schülern durch Fragen und Antworten erschließt.

Marta Damkowski an ihrem Hochzeitstag 1939

Noch bevor die Akademie Anfang 1933 geschlossen wurde, begann sie zusammen mit ihren politischen Freunden sich auf Widerstandsarbeit gegen die Nationalsozialisten einzustellen. Der Wechsel als landwirtschaftliche Rechnungsführerin auf ein Gut verhinderte nicht, dass bei ihr die ersten Haussuchungen stattfanden. Obwohl sie unter Beobachtung stand, führte Marta Damkowski die illegalen Kontakte und Aktivitäten weiter, wechselte die Arbeitsplätze, traf mit den anderen ISK Mitgliedern in Fünfergruppen zusammen: „ Ich bin in jener Zeit immer gereist und umgezogen, jedes Mal, wenn's gefährlich wurde.“[125] Als sie aus Leipzig Hals über Kopf vor der Gestapo fliehen musste, fuhr sie zu ihren Eltern: „Weil ich nicht wusste, wo ich mich sonst verstecken sollte.“ Aber auch ihre Eltern standen unter Polizeiaufsicht. „Diese illegale Arbeit bedeutete für uns die Aufgabe der bürgerlichen Existenz, privat und beruflich – für einige von uns den Tod.“ Sie fand Arbeit in der Nähe von Bremen und nahm die illegale Arbeit in einer Fünfergruppe wieder auf.

Im Winter 1937/38 wurde sie verhaftet, als die Gestapo 91 ISK-Mitglieder festnehmen konnte. Die neun Monate in Einzel-Dunkelhaft im Gefängnis Charlottenburg waren wohl die schlimmste Zeit: „Dass ich diese Zeit überlebt habe, verdanke ich nur dem

124 Diese und die nachfolgenden Informationen beruhen vor allem auf dem „Gespräch mit Marta Damkowski“, aufgezeichnet von Elke Kröplin, in: (Anm.88), 1981, S. 163ff. Aus diesem Gespräch wird Marta Damkowskis außergewöhnliche Persönlichkeit deutlich, die alle, die sie kennen gelernt haben, sofort tief beeindruckte. Weiterhin auch: Frauenbiografien
125 Gespräch Damkowski, Anm. 88, S. 169

mutigen Gefängnisaufseher und seiner Frau." Diese öffnete ihr manchmal heimlich die Tür, ließ sie auf den Gang vor der Zelle, brachte ihr Brötchen, und als Marta Damkowski einen Kollaps bekam, brachte sie sie zum Arzt, der sie dann täglich ‚behandelte': mit Milch und mit Butterbroten! Später, im Untersuchungsgefängnis, hat ihr und anderen Politischen dessen stellvertretende Leiterin vielfach geholfen. Fünf Jahre Gefängnis wurden für Marta Damkowski beim Volksgerichtshof beantragt, aber ein Freund im ISK hatte die Schuld für ein Flugblatt auf sich genommen, der mutige Pflichtverteidiger – so ihre Worte – erreichte, dass sie ‚nur' zu einem Jahr Haft verurteilt wurde. Einem Laienrichter beim Volksgerichtshof, der ein nicht unbedeutender Mann in der NSDAP war, hatte sie dann zu verdanken, dass sie nicht unmittelbar nach ihrer Haft in ein KZ überführt wurde.[126]

Nach der Haft und der Haftentlassung ihres späteren Mannes, der ebenfalls in der SAJ gewesen war, heiratete sie. 1941 wurde der Sohn Wulf geboren. Sie waren zunächst arbeitslos, lebten im Haus von Martas Schwiegereltern, in dem ihr Mann schweren Repressalien durch den Gauleiter ausgesetzt war. Er wurde nach zwei Jahren eingezogen – zum Bewährungsbataillon 999, das kam einem Todeskommando gleich. Doch das Leiden war für sie noch nicht zu Ende. Ihr Haus wurde durch eine Luftmine zerstört und sie musste mit dem Baby mehrere Stunden verschüttet im Keller ausharren. Als dann die Nachrichte von dem Tod ihres Mannes kam, da nahm ihr das, wie sie erzählte, zunächst allen Lebensmut. Ihre Eltern waren gestorben, der Bruder in Afrika verschollen, dessen Frau hatte sich aus Verzweiflung das Leben genommen. Doch: „Ich schaffte es, weil mein Kind mich noch brauchte."

Ein neues Leben fing an: „1945, als wir aus dem ISK-Widerstand uns unbedroht und öffentlich trafen, beschlossen alle, an die ich mich erinnern kann, von nun an in der SPD für unsere politischen Ziele zu arbeiten."[127] Sie war von 1946 bis 1949 als Frauensekretärin der SPD in Hamburg tätig und gehörte von 1946 bis 1953 der Hamburgischen Bürgerschaft an. Sie entschloss sich dann, eine Fortbildung zur Verwaltungsangestellten in der Gefängnisbehörde zu machen und kämpfte für eine grundlegende Reform des Paragraphen 218, denn auch nach 1945 waren noch weitgehend die alten Gesetze der Nationalsozialisten in Kraft.
Aus ihren Reden in der Hamburgischen Bürgerschaft wird deutlich, wie gründlich sie sich immer informierte, gleichzeitig zeigen sich ihre logischen Fähigkeiten, die ihr nicht selten ermöglichen, die politischen Gegner auf Glatteis ausrutschen zu lassen. So führt sie die KPD regelrecht vor, wenn diese Anträge zu spät oder unbegründet stellte [128] oder wendet sich 1947 in scharfem Ton mit einem Geschäftsordnungsantrag an den Präsidenten der Bürgerschaft, als dieser versucht, mangels eines schriftlichen Berichts das Thema Ernährungslage von der Tagesordnung abzusetzen: „Angesichts der katastrophalen Ernährungslage halte ich es für strafbar, solche Berichte heute von der Tagesordnung verschwinden zu lassen."[129]
In der 2. Wahlperiode ab Oktober 1949 wurde sie Vorsitzende im Ausschuss für soziale Fragen – zu jener Zeit war es eher selten, dass eine Frau Ausschussvorsitzende wurde. Ihre vielfältigen Erfahrungen in der Frauenarbeit konnte Marta Damkowski als Mitglied des SPD-Parteirats sowie des Bundesfrauenausschusses einbringen. Auch am Godesberger Programm (1959) arbeitete sie mit. Außerdem betätigte sie sich im Vorstand der Arbeitsgemeinschaft sozialdemokratischer Frauen in Altona,

126 Gespräch Damkowski, Anm. 88., S. 172f
127 Marta Damkowski in: Anm. 95
128 18. Sitzung 1949, S. 700; 20. Sitzung 1950, S. 828; 6.-9. Sitzung 1952, S. 380
129 22. Sitzung 1947, S. 305

im SPD-Distriktsvorstand Sülldorf-Rissen sowie im Landesverband der Arbeiterwohlfahrt.
Von 1952 bis 1958 leitete Marta Damkowski die Frauenstrafanstalt in Hamburg-Fuhlsbüttel. In eben dieser Haftanstalt stand eines Tages der Aufsichtsbeamte aus dem Gefängnis Charlottenburg und fragte sie, ob sie die Frau sei, die damals... "Weinend sagte er mir dann nur immer wieder: ‚Dass Sie das überstanden haben – wie wird meine Frau sich freuen!'"[130]

Marta Damkowski starb im August 1979. Im Jahre 1986 wurde eine Straße in Allermöhe nach ihr benannt.

Weitere Frauen, aus dem ISK wurden in Hamburg nach 1933 aktiv: **Emilie Kalbitzer, geb. Volkmann**, genannt **Emmi, Erna Mros, Luise Gabriely, Erna Mayer**. Jedoch nicht nur Frauen, denn auch einige junge Männer in Hamburg, die ISK-Mitglieder **Curt Bär**[131], **Hellmut Kalbitzer**[132]und **Karl Schneider** engagierten sich im Widerstand und wurden verhaftet.

Emmi Kalbitzer, Tochter eines Sozialdemokraten aus Bochum, trat zunächst der Sozialdemokratie bei, dann wurde auch sie Mitglied des ISK. 1933 floh sie nach Paris, kam dann zurück nach Hamburg und wurde 1934 mit Erna Mros, Anna Kothe, Karl Schneider (vgl. Gesa Schneider) und Hans Kakies in der Vegetarischen Gaststätte, Börsenbrücke 4, tätig. Wie die ISK-geführten Gaststätten in Berlin, Köln und Frankfurt diente auch diese Gaststätte als konspirativer Treffpunkt des ISK und als Anlaufstelle für Verfolgte. Emmi hatte diese Idee aus Paris mitgebracht.1936 kam ihre Freundin Luise Gabriely, ursprünglich Näherin, als Diätköchin dazu.

Erna Mros stammte aus einer Arbeiterfamilie. Im Laufe der Weimarer Republik erhielt die gelernte Kindergärtnerin ein Stipendium, so dass sie ein paar Semester an einer Hochschule studieren konnte. Ungefähr zeitgleich, etwa im Jahr 1927 zum Internationalen Sozialistischen Kampfbund (ISK) gestoßen, übernahm Erna Mros nach der Machtübernahme der Nationalsozialisten die Leitung der ISK-Ortsgruppe in Hamburg und die Koordinierung der politischen Aktivitäten im norddeutschen Raum.

Als die Gestapo im Jahr 1936 durch Hans Prawitt, einem verhafteten Mitglied, auf die Widerstandstätigkeit des ISK aufmerksam wurde, entschied sich Erna Mros gemeinsam mit Kakies und einigen anderen Genossen für die sofortige Emigration. Vorübergehend in Wien inhaftiert gelang ihr die Flucht in die USA und nach langen Bemühungen die Freilassung Kakies, der in Kuba inhaftiert worden war und den sie 1942 heiratete. Sie wurde, wie ihr Sohn berichtete, lebenslang von schweren Depressionen heimgesucht.

Um die Geschäftsführung des vegetarischen Lokals kümmerte sich fortan Karl Schneider. Ihm half Anna Kothe, die schon in den 20er Jahren Hauswirtschafterin des IJB, später des ISK in Göttingen und Berlin gewesen war.

Auch **Erna Mayer, geb. Lange** wurde 1936 verhaftet. Sie gehörte zur Hamburger ISK-Jugendgruppe Hellmut Kalbitzers, der nach Abitur und einer Kurzausbildung in El-

130 Gespräch Damkowski, Anm. 88, S. 172
131 Bär, Curt: Von Göttingen über Osleb nach Godesberg. Politische Erinnerungen eines Hamburger Pädagogen 1919-1945. 2., erg. Aufl. Hamburg 1981 und auch Datenbank AvS
132 Siehe Datenbank AvS

bing in Hamburg in die Zigarrenhandlung seines Vaters eintrat und ab Sommer 1934 konspirativ Material der Auslandszentrale des ISK verteilte und druckte. Im Dezember 1936 verhaftet und durch die Aussagen seines ehemaligen Mitschülers Prawitt belastet, saß auch er 15 Monate in Untersuchungshaft, wurde zu zwei Jahren verurteilt. Erna Lange, die knapp 5 Wochen im KZ Fuhlsbüttel verbringen musste, tauchte nach ihrer Freilassung unter und gelangte im September in die Schweiz.
Im August 1945 kehrte sie mit Klaus Mayer zurück nach Hamburg, heiratete ihn und kandidierte für die erste Bürgerschaftswahl 1946, errang aber kein Mandat. Bis 1949 war sie Deputierte der Sozialbehörde, wanderte aber im Januar 1950 mit Mann und Sohn nach Australien aus.

Emmi und HellmutKalbitzer

Emmi Volkmann geriet 1938, anlässlich der Verhaftung der 91 ISK-Mitglieder, zu denen auch Marta Damkowski gehörte, in die Fänge der Gestapo. Wegen Hochverrats zu zwei Jahren verurteilt, nach monatelanger Einzelhaft, sah sie Helmut Kalbitzer erst 1940 wieder. Die Aussagen von Prawitt hatten die Gestapo ans Ziel geführt.
Als beide aus dem Gefängnis entlassen wurden, war die Organisation zerschlagen. Nach Emmis Haftentlassung haben beide geheiratet. Sie versuchten gemeinsam alte Verbindungen neu zu knüpfen und neue Genossen zu suchen. Kalbitzers Eltern konnten in der Schweiz Kontakt zu emigrierten Genossen aufnehmen. Und hier kommen zwei ISK-Mitglieder ins Spiel, die emigrieren konnten und unter Lebensgefahr zurückkehrten, 1944 illegal lebten und versuchten, Verbindung zwischen den Emigranten und dem Widerstand in Deutschland herzustellen: Jupp und Änne Kappius-Ebbert (SAJ 1924, ISK ab 1933). Jupp Kappius lebte im Jahr 1944 monatelang in Bochum bei Emmi Kalbitzers Bruder Ernst Volkmann, bis ihm der Boden zu heiß wurde. Eben zu dieser Zeit hatte die Gruppe um Kalbitzer begonnen, mit vertrauenswürdigen Genossen über die Neugründung der SPD zu diskutieren und die eigene konspirative Gruppe als Teil der neuen demokratisch-sozialistischen Partei zu definieren.

Noch lange Zeit nach 1945 hielten die ISK-Mitglieder engen Kontakt. Wie alle politisch tätigen Frauen – und da waren sie sich über die Parteigrenzen hinaus einig – hatten auch sie Mühe, Vorurteile gegen Frauen in der Politik zu überwinden und lebenswerte Bedingungen für Frauen und Kinder zu schaffen in einer Zeit, in der die Politiker eher auf den wirtschaftlichen Wiederaufbau konzentriert waren. So setzte beispielsweise Marta Damkowski als Leiterin des Referats Frau und Familie in der Jugendbehörde die Finanzierung einer Beratungsstelle für Geburtenregelung durch, nachdem die Gesundheitsbehörde den Ärzten verboten hatte, bei einer frei finanzierten Beratungsstelle mitzuarbeiten.[133] Emmi Kalbitzer wurde Mitglied der SPD und Deputierte. Nachdem die drei Kinder erwachsen waren, errang sie von 1965 bis 1970 ein Mandat in der Bürgerschaft.
Beide, Emmi und Marta, waren noch mit 60 Jahren aktiv, als sie Mitte der 70er Jahre zusammen mit Margit Gütt als Frauentriumvirat den Vorstand des Distrikts Sülldorf-Rissen übernahmen.

133 Bericht Emmi Kalbitzer in: „Lebensbilder von Frauen in Hamburg nach 1945" des Deutschen Frauenrings, 1989

Luise Gabriely, durch Haft und Vernehmungen in den Gefängnissen schwer gesundheitlich geschädigt, engagierte sich nach 1945 bis zu ihrem Tode 2002 im Distrikt Bramfeld-Nord.
Auch die älteren Politikerinnen der Hamburger SPD, **Grete Zabe** und **Johanna Reitze** waren nicht verschont geblieben: **Grete Zabe** gehörte zu den Verhafteten der Echo-Versammlung und wurde, wie ihre Tochter, erwerbslos. Im Zuge der sog. „Gewitter-Aktion“ hatte man sie, immerhin 67 Jahre alt, wiederum verhaftet. Nach 1945 beteiligte sie sich am Wiederaufbau der SPD und der Arbeiterwohlfahrt. Noch schlimmer erging es **Johanna Reitze**, vor 1933 Mitglied des Bezirksvorstandes Hamburg-Nordwest und seit 1919 des Reichsparteiausschusses. Auch sie kam im Zuge der Aktion nach dem 20. Juli 1944 in Haft und wurde erst nach Kriegsende von den Alliierten befreit. Sie widmete sich nach 1945 dem Aufbau der Arbeiterwohlfahrt. (Foto Wir Fahren mit der AWO)

Hedwig Günther, gelernte Kontoristin und Buchhalterin, vor 1933 Vorsitzende des Frauenausschusses und seit 1928 im Landesvorstand der SPD, wurde mit anderen eine Woche inhaftiert. Nach 1945 war sie als Abgeordnete der ersten gewählten Bürgerschaft 1946 bis 1957 Schriftführerin und als einzige Frau Mitglied im Verfassungsausschuss.
Fast gleichaltrig mit ihr war **Anni Kienast**, die sich leidenschaftlich seit ihrer Jugend für die Gewerkschaftsarbeit engagiert hatte. Als Verkäuferin und Mitglied des Gesamtbetriebsrats bei der „Produktion“ wurde sie 1933 entlassen und war zwei Jahre arbeitslos. Annie Kienast berichtete detailliert über ihre Strategien, sich gegen Vereinnahmung durch die NSDAP und ihre Gliederungen zu wehren[134], sie ist ein Beispiel dafür, wie es für viele Sozialdemokraten und andere möglich war, ihrer Überzeugung treu zu bleiben. Auch sie gehörte nach dem Kriegsende der ersten gewählten Bürgerschaft an.
Der Schwerpunkt ihrer Arbeit wurde jedoch wieder die Gewerkschaftsarbeit. Als Mitbegründerin der DAG gehörte sie bis 1957 dem Hauptvorstand an.

Gertrud Lockmann hatte sich nach Abschluss der Selecta, Ausbildung als Buchhalterin und weiterer Fortbildung schon mit 17 Jahren der SPD angeschlossen. 1930 wurde sie Vorsitzende der SPD in Goslar, schloss sich aber im Oktober 1931 der Sozialistischen Arbeiterpartei (SAP) an. 1933 wurde sie arbeitslos und musste fliehen und ein Jahr ‚untertauchen'. Sie knüpfte Kontakte zu Widerstandsgruppen, kam 1936 zurück nach Hamburg und machte sich 1941 als Helferin in Steuersachen selbständig. 1945 trat sie wieder in die SPD ein. Sie wurde 1946 Mitglied im Vorstand der SPD-Landesorganisation Hamburg, vertrat als Bürgerschaftsabgeordnete die Interessen der Hausfrauen, befasste sich mit Steuerfragen und setzte sich für Verbraucherfragen ein.
Als der Bundestagsabgeordnete der SPD, Erich Klabunde, starb, übernahm im Januar 1951 Gertrud Lockmann sein Mandat. Damit war sie als Nachrückerin mit Irma Keilhack die zweite Hamburger Sozialdemokratin im ersten Bundestag geworden. Außerdem wurde sie Mitglied der Bundesversammlung.
Von November 1957 bis November 1961 übernahm sie ein zweites Mal ein Mandat in der Hamburgischen Bürgerschaft.[135]

Wenig ist über die Aktivität der Stenotypistin **Käthe Strutz,** geb. Mehrens zu erfahren, denn anders als viele ehemals verfolgte Frauen der SPD übernahm sie – im Ge-

134 Gespräch Annie Kienast mit Christa Randzio-Plath, in: Der alltägliche Faschismus, (Anm. 88), S. 20ff
135 Hamburger Frauenbiografien und Oldenburg, Christel, Anm. 33, S. 727

gensatz zu ihrem Mann – kein herausragendes politisches Amt. 1930, mit 18 Jahren, war sie in die Hamburger SPD eingetreten. Nach der Machtübernahme durch die Nationalsozialisten gehörte sie einer sozialdemokratischen Widerstandsgruppe in Billstedt an. Käthe Mehrens wurde mit einer größeren Gruppe von Sozialdemokraten am 18. Juni 1935 verhaftet. Grund für ihre Inhaftierung war: „Illegale Betätigung für die verbotene SPD, Kuriertätigkeit, Herstellung von Material für Propaganda". Um eine Aussage zu erpressen, wurde sie mehrere Wochen in ihrer Zelle gefesselt. Käthe Mehrens wurde jedoch nicht angeklagt und am 1. August 1935 aus der Haft entlassen. Käthe Mehrens heiratete später Karl Strutz, der ebenfalls der Billstedter Widerstandsgruppe angehörte und 1935 zu zwei Jahren Gefängnis verurteilt wurde. Nach 1945 war sie in der SPD in ihrem Wohnbezirk aktiv.[136]

Zum Schluss sei hier an die Jüngste dieser Frauen und das Schicksal ihrer Familie erinnert **Gesa Schneider,** verw. Girlich, geb. Sperling, Jahrgang 1920. Gesa war die Älteste von zwölf Kindern einer Familie, deren Mitglieder noch mehr als andere dem Terror der Nazis zum Opfer fielen.
Die Großeltern mütterlicherseits gehörten zum linken Flügel der SPD und schon vor 1933 half Gesa ihrem Vater, einem ehemaligen Sanitäts-Feldwebel, verwundete Reichsbanner- und Antifa-Kämpfer zu verarzten. Ihr Onkel war Parteisekretär der SPD.
Ihr Vater, Mitglied des „Antifaschistischen Kampfbundes" in Barmbek-Süd, wurde schon am 5. Mai 1933 verhaftet. Nachts kam die Stapo (Staatspolizei, später in Gestapo umbenannt) mit einigen Polizisten, die auch das Kinderzimmer durchsuchten. Einer der Kripobeamten fand das Spielemagazin, in dem Flugblätter, Schriften und die Mitgliedsliste des Kampfbundes lagen. Antje Kosemund, die Schwester Gesas, schildert es in ihren Erinnerungen: „Der Kripobeamte lenkte die Stapo ab und sagte zu einem dazukommenden Nazi: „Hier ist alles sauber", um dann in einem günstigen Moment unserer Mutter zuzuflüstern, „alles vernichten"!"[137] Gesa und ihre Schwester Ursel steckten später die Schriften in die Briefkästen von Nazianhängern und gerieten in Panik, als die Flugblätter, die sie in den Eilbekkanal warfen, auf dem Wasser schwammen, bevor sie untergingen. Nach 21 Tagen kehrte der Vater nach schweren Misshandlungen zurück und verlor seine Arbeit als Angestellter der AOK, eine Zeit der Not brach an, die Familie hungerte.
Als 1934 die Großeltern und der Vater verhaftet wurden während die Mutter zur Entbindung im Krankenhaus war, blieben die Kinder allein. Die beiden Ältesten – Gesa hatte ein Stipendium der Lichtwarkschule – gingen abwechselnd zu Schule, denn es musste sich ja jemand um die Kleinen kümmern. Nachbarn stellten manchmal heimlich Essen vor die Tür. Als Gesa im KZ Fuhlsbüttel dem Vater frische Wäsche bringen durfte, wurde ihr ein Paket mit seiner blutverkrusteten Wäsche in die Hand gedrückt. Das war kein Einzelfall, der Hinweis auf „blutige Wäsche aus dem KoLa Fu" taucht mehrfach in Erinnerungen auf.

Ihr Großonkel Jakob Kock, genannt Jolly (KPD), wurde von der Gestapo gesucht, ihm gelang die Flucht nach Kopenhagen, Gesa konnte ihm Schiffskarten besorgen und ihre dänische Freundinnen boten ihm die erste Zuflucht an. Mit dem Fahrrad und per Schiff konnte Gesa ihm später noch seine Papiere in Kopenhagen überbringen.
Die begabte Fünfzehnjährige musste aus finanziellen Gründen die Schule verlassen und sich zunächst als Hausgehilfin und Arbeiterin durchschlagen, dann arbeitete

136 Datenbank AvS
137 Kosemund, Antje, Sperlingskinder. Faschismus und Nachkrieg: Vergessen ist Verweigerung der Erinnerung. Hamburg 2011, S 14

sie als Kontoristin. Nicht selten begleitete sie ihren Großvater zum Hafen, wo über norwegische Seeleute geheime Kontakte zu Onkel Jakob, der inzwischen in Spanien kämpfte, möglich waren.
Im Herbst 1943 wurden wiederum der Vater, die Großeltern, ihr Onkel Karl – Sohn Jakob Kocks – und ihre Tante Käthe Neumann-Holm verhaftet. Karls Frau und Tochter fielen den Luftangriffen 1943 zum Opfer, er selber wurde hingerichtet, Käthe Neumann-Holm wurde eineinhalb Jahre im KZ Fuhlsbüttel inhaftiert. Gesa wurde 1941-1945 als Luftwaffenhelferin verpflichtet und versuchte in dieser Funktion vergeblich Verbindung zum dänischen Widerstand aufzunehmen. Inzwischen verheiratet mit Gustav Girlich, der wegen Vorbereitung zum Hochverrat im Prozess der SAJ-Mitglieder Hencke und Genossen (vgl. Kap. 7) fast zwei Jahre in Schutzhaft gewesen war, konnte sie ihre Entlassung aus der Wehrmacht selbst während ihrer Schwangerschaft nicht durchsetzen. Deshalb kam ihre Tochter im März 1945 im Kriegsmütterheim zur Welt, zur gleichen Zeit, als Gustav Girlich bei Kriegsende in Ostpreußen umkam. Die Kleine starb schon 1946 als die Diphterie-Epidemie wütete – für ein an Diphterie erkranktes Kind gab es in der Trümmerstadt Hamburg kein Krankenhausbett.

Gesa und Karl Schneider

Gesa heiratete nach dem Krieg Karl Schneider[138], der seit 1929 Mitglied des ISK und seit 1933 im Widerstand aktiv war. Schneider wurde 1938 verhaftet und zu sechs Jahren Zuchthaus verurteilt. Er überlebte das Bewährungsbataillon 999. Nach seinem Eintritt in die SPD 1947 wurde er Sekretär der AvS. Gesa nahm ein Anglistikstudium auf und arbeitete als Übersetzerin. Sie hatten drei Kinder. Doch die Schrecken der NS-Zeit holten sie noch einmal ein, als ihrer Schwester Antje 1981 auffiel, dass bei der Todesurkunde ihrer 1930 geborenen behinderten kleinen Schwester Irma etwas nicht stimmte. Es bedurfte jahrelanger Recherchen, bis klar wurde, dass Irma, seit 1934 in den Alsterdorfer Anstalten, 1943 nach Wien deportiert und ermordet wurde. Antje Kosemund kämpfte Jahrzehnte, um genauere Auskünfte zu erhalten, um dann Irma und den ermordeten Kindern einen Gedenkstein setzen zu lassen. Das hat Gesa – und nicht nur sie – bis in ihr hohes Alter sehr belastet.
Gesa blieb jedoch ein lebensfroher, optimistischer Mensch, allerdings konnte sie den Erlebnissen in ihrer Jugendzeit offenbar nicht ganz entkommen, denn sie musste sich mehrfach wegen Depressionen in psychiatrische Behandlung begeben. Nach Karl Schneiders Tod 1989 führte sie die „Sokratischen Gespräche“ im Geiste Nelsons und der Philosophisch-Politischen Akademie weiter, war aktiv in der Hamburger SPD und in der Gedenkstätte Neuengamme.[139]

138 Vita Karl Schneider: siehe Datenbank AvS
139 Zu Gesa Schneider, geb. Sperling: Anm. 137 und Interview Gesa Schneider, Anm. 95, sowie ihre persönlichen Aufzeichnungen

1945: Politischer Aufbruch der Frauen

Drei Hamburger Frauen nahmen teil am 1. Parteitag in Hannover im Mai 1946, Paula Karpinski, Irma Keilhack und Grete Wöhrmann. Im Rahmen des Parteitages hatten sich die Frauen, die als Delegierte anwesend waren, zu einer Sonderbesprechung zusammengefunden. Sie legten dem Parteitag eine Entschließung vor, in der sie es als besonders dringende Aufgabe bezeichneten, nicht nur die sichtbaren Trümmer in Deutschland zu beseitigen, sondern auch die in den Hirnen und Herzen der Menschen. Sie wiesen besonders auf die „Notwendigkeit der Arbeit an der Jugend hin, die im Geiste der Demokratie, das heißt voller Freiheit und Verantwortung erzogen werden müsse..." Sie sandten „ihre freundschaftlichen Grüße den Frauen und Müttern aller Länder, die unter dem nationalsozialistischen Kriegsverbrechen gelitten haben", und versprachen unermüdliche Arbeit für den Weltfrieden und die Völkerversöhnung.

HAMBURGER ECHO

Gegründet 1875 — VERÖFFENTLICHT UNTER ZULASSUNG NR. 29 DER MILITÄR-REGIERUNG — 71. Jahrgang

Nummer 1 — Mittwoch, den 3. April 1946 — Einzelpreis 20 Pf.

Heute Ernährungskonferenz in London

Maßnahmen gegen die Lebensmittelnot

Heute, 3. April, tritt in London eine internationale Konferenz über die europäische Ernährungslage zusammen. Sie ist einberufen von dem Wirtschaftlichen Hilfsausschuß für Europa, und an ihr werden die Ernährungs- und Landwirtschaftsminister einer Reihe europäischer Regierungen wie auch Vertreter internationaler, mit europäischen Ernährungsfragen befaßter Organisationen teilnehmen.

Am 20. Mai Welternährungskonferenz

Industrieplan zwingt zu bitteren Einschränkungen

Das Bekenntnis zur Freiheit

Das Ergebnis der Berliner Urabstimmung - Sieg der Demokratie

Für Frieden und Freiheit!

Die Geheimorganisation der HJ.

HE No 1 3.4.46

Dank des Einsatzes einiger Frauen, so zum Beispiel Paula Karpinskis, wurde nach dem Aufbau der Parteiorganisation als erstes die Arbeitsgemeinschaft sozialdemokratischer Frauen eingerichtet. Allerdings wurde auf dem 1. Landesparteitag 1946 nur eine Frau als Beisitzerin in den Landesvorstand gewählt: Irma Keilhack. Bis zu Beginn der 5. Wahlperiode der Bürgerschaft (ab 1961) gehört auch keine Frau dem Fraktionsvorstand an.

Der gewählten Bürgerschaft vom Oktober 1946 gehörten insgesamt 15 Frauen an, unter ihnen mehrere ehemals Verfolgte und Frieda Roß, die vor 1923 beim „Hamburger Echo" tätig gewesen und mit dem Sozialdemokraten Rudolf Roß verheiratet war. Sie organisierte den Verein Hamburger Hausfrauen und gründete den Hamburger Frauenring mit. Alle Frauen, ohne Rücksicht auf die Parteizugehörigkeit, prangerten schwerwiegende Benachteiligungen von Frauen in der Nachkriegszeit an und engagierten sich für die Verbesserung der katastrophalen Lebensbedingungen gerade für Kinder und die vielen alleinstehenden Mütter.[140]
Besonders gefragt war ihr Engagement im Katastrophenwinter 1946/47. Geradezu dramatisch heißt es im Jahresbericht der SPD-Landesorganisation:
„In Gemeinschaft mit der Arbeiterwohlfahrt wurde Tag für Tag das Hilfswerk gegen Hunger und Kälte geführt. Unzählige unserer Frauen betätigen sich uneigennützig

140 Vgl. 10. Sitzung 1946, 16. Sitzung 1947

in den Essenausgabestellen der „Freien Wohlfahrtspflege“ und der Schwedenspeisung. Sie helfen in den Nähstuben und bei der Betreuung der Bunkerinsassen. Sie helfen bei den regelmäßigen Lebensmittelkartenausgaben und bei besonderen Aktionen der Wirtschaftsämter. ...Dabei beschränkte sich ihre Tätigkeit nicht immer nur auf die Mithilfe, in vielen Fällen hatten sie auch die leitenden Positionen inne. In fast allen Parteibezirken waren es die Frauen, die unermüdlich nach der Tagesarbeit bastelten und nähten, um kleine Gaben der Freude für Flüchtlinge und vaterlose Kinder auf den Weihnachtstisch zu legen.
Diese sozialfürsorgerische Arbeit leisten unsere Genossinnen unter stärkster körperlicher Überbeanspruchung. Es ist nicht zuviel gesagt: sie verbrauchen dabei ihre eigene biologische Substanz...“
Aufmerken lässt ein weiterer Satz aus diesem Bericht, dort heißt es: „In mehreren Wahlbezirken erreichten die weiblichen Kandidaten die größte Stimmenzahl.“

Anni Kienast und Elisabeth Ostermeier, ebenfalls Mitglieder der Ersten gewählten Bürgerschaft, beide der Gewerkschaftsbewegung verbunden, setzten sich für die Verankerung des Prinzips gleichen Lohns für gleiche Arbeit in der Verfassung ein und erhielten dafür sogar Unterstützung von Seiten der FDP.
Domäne der Frauen blieb auch in den nächsten Wahlperioden der Sozialbereich. Eine Ausnahme war Gertrud Lockmann, die als Rednerin zu Haushalts- und Steuerfragen eindrucksvoll ihre Kompetenz nachwies, mit der sie wohl manch einen männlichen Abgeordneten übertraf.

Paula Karpinski, seit 1946 die erste Senatorin (Ministerin) in Deutschland überhaupt, schaffte es, in einem von Männern dominierten Senat den Anliegen der Jugendarbeit Gehör zu verschaffen. Nicht selten vertraten auch später Frieda Roß (SPD) und Magda Langhans (KPD) gemeinsam Anträge und machten Vorschläge zur Linderung der Not der Bevölkerung. Insbesondere in Fragen von Fürsorge, Jugendwohlfahrt und Gesundheitswesen waren die meisten Parlamentarierinnen aktiv und ihr soziales Mitgefühl und Engagement fand ein positives Echo in der Öffentlichkeit.

Die fraktionsübergreifende Einigkeit im Parlament fand jedoch bald ein Ende. Seit der Zwangsvereinigung zur SED und der Berlin-Blockade 1948 wird der Ton schärfer. So hält zum Beispiel Hellmut Kalbitzer – immerhin ein Mitglied des linken SPD-Flügels – dem KPD-Abgeordneten Westphal detailliert die Ausplünderungspolitik und Aushungerung Berlins durch die Besatzer in der SBZ vor, nachdem dieser das Thema Ernährung mehr ideologisch als sachlich behandelt hatte.
Schärfer wurden auch die Debatten in der Hamburger Bürgerschaft zwischen den Frauen verschiedener Parteien, wenn es um gesellschaftlich-ideologische Werte ging, so zum Beispiel die Abtreibung oder das Schulsystem. Aber die Leistungen dieser Parlamentarierinnen-Generation, alle geprägt durch die Schrecken der NS-Zeit, aber auch gestählt durch das Wissen um die Notwendigkeit des demokratischen Wiederaufbaus, wurden Vorbild für nachfolgende Frauengenerationen. [141]

141 Ein detaillierter und bestens recherchierter Überblick in: Grolle, Inge / Bake, Rita, Anm. 106, S .23ff.

7. Mandatsträger und Funktionäre

Nachdem die Nationalsozialisten in Hamburg am 8. März 1933 die Macht übernommen hatten, waren vor allem Mitglieder des Reichstags, Bürgerschaftsabgeordnete und die bisherigen Senatoren sowie führende Parteifunktionäre von Übergriffen und Verhaftungen bedroht. Am 24. März 1933, einen Tag nach der Abstimmung über das Ermächtigungsgesetz, wurden mit dem Reichstagsabgeordneten Gustav Dahrendorf und dem Landesvorsitzenden Karl Meitmann zum ersten Mal prominente Sozialdemokraten in Hamburg vorübergehend verhaftet. Bald darauf forderte der NS-Terror auch in Hamburg erste Todesopfer. Der Reichstagsabgeordnete Adolf Biedermann stürzte unter ungeklärten Umständen in der Nacht vom 10 auf den 11. Mai 1933 bei Recklinghausen aus dem fahrenden Zug. Die Ehefrau von SPD-Senator Paul Neumann, der nach seinem Rücktritt Anfang März 1933 vorübergehend untertauchte, um einer möglichen Verhaftung zu entgehen, nahm sich aus Furcht vor der Gestapo das Leben.

Schon vor 1924 war das Reichsbanner Schwarz-Rot-Gold als überparteiliches Bündnis, aber tatsächlich dominiert von der SPD, zum Schutz der demokratischen Republik gegen die Umsturzversuche von rechts und links gegründet worden, das sich 1931 mit dem Allgemeinen Deutschen Gewerkschaftsbund und weiteren republiktreuen Organisationen zur „Eisernen Front" zusammenschloss. Innerhalb des Reichsbanners waren seit 1930 sogenannte Schufos gegründet worden, Einheiten von je 150 meist jüngeren Männern, deren Aufgabe es war, Versammlungen und Demonstrationen zu schützen. Bei deren Ausbildung hatten Polizeibeamte, die Mitglieder der SPD waren, eine wesentliche Rolle gespielt.

Schufo11

Nach dem Verbot im März 1933 erfolgte die teilweise nur formelle Auflösung des Reichsbanners. Der Historiker Walter Tormin dazu: „Trotzdem oder gerade deswegen gehörten die Reichsbanner-Leute zu den ersten und aktivsten Vertretern des sozialdemokratischen Widerstandes, wobei sich besonders die Schutzformationen (Schufos) auszeichneten...Mehrere dieses Schufos mit dem Schwerpunkt in Barmbek und Rothenburgsort begannen sofort nach der Auflösung des Verbandes mit der Organisation illegaler Einheiten in Gruppen von zehn bis 15 Mann."[142]

142 Tormin, Walter, Verfolgung und Widerstand von Hamburger SozialdemokratInnen und Sozialdemokraten 1933-1945, in: Für Freiheit und Demokratie. Hamburger Sozialdemokraten und Sozialdemokratinnen in Verfolgung und Widerstand 1933-1945, Hrsg. SPD Hamburg 2003, S. 15

Innerhalb der Partei entwickelte sich bis zum Herbst die Koordination des Widerstands, Gruppenentstanden in einer Vielzahl von Hamburger Stadtteilen.[143]
Als sich am 15. und 16. Juni 1933 Hamburgs SPD-Führung noch einmal zu einer Parteivorstands- und –ausschusssitzung im Redaktionsgebäudes des „Hamburger Echos“ versammelte, wurde die Veranstaltung von den Nationalsozialisten gesprengt und die über 30 Anwesenden verhaftet. Adolph Schönfelder, bis März 1933 Polizeisenator, und der Reichstagsabgeordnete Hans Staudinger wurden im Gestapo-Quartier in den Großen Bleichen besonders schwer misshandelt. Während die meisten Inhaftierten nach einer mehrwöchigen Haft entlassen wurden, kam der als Initiator der Zusammenkunft verdächtigte Karl Meitmann erst Ende Oktober 1933 wieder frei.

Der Reichstagsabgeordnete Staudinger floh mit seiner jüdischen Frau ins Exil. Karl Meitmann erhielt die Auflage, nach seiner Entlassung die Stadt innerhalb von 24 Stunden zu verlassen. Auch Gustav Dahrendorf und der Vorsitzende der SPD-Bürgerschaftsfraktion, Hans Podeyn, verließen die Stadt, weil sie als bekannte Sozialdemokraten keine berufliche Perspektive mehr in Hamburg sahen. Andere, wie der frühere Senator Adolph Schönfelder oder der prominente Bürgerschaftspräsident Herbert Ruscheweyh, blieben in Hamburg, zogen sich aber zurück, da sie eine ständige Überwachung durch die Nationalsozialisten fürchten mussten.
Den Aufbau der illegalen SPD organisierten weniger bekannte Funktionäre, allen voran Walter Schmedemann und andere Distriktsvorsitzende, darunter Jonni Schacht, Willi Schmedemann, der später emigrierte, und Otto Schumann, der Anfang Mai 1945 als KZ-Häftling bei dem Luftangriff, auf die Cap Arcona in der Lübecker Bucht ums Leben kam.

Zahlreiche SPD-Politiker, die als Bürgerschaftsabgeordnete, Parteivorstandsmitglieder oder Distriktsvorsitzende schon vor 1933 Verantwortung übernommen hatten, setzten ihre politische Arbeit nach dem Zweiten Weltkrieg fort, sofern sie die NS-Diktatur überlebt hatten und nicht an andere Orte verschlagen worden waren.

Karl Meitmann

Karl Meitmann (*1891) wurde in Kiel geboren und wuchs in einem sozialdemokratischen Elternhaus auf. Er gehörte 1905 zu den Gründern der Kieler Arbeiterjugend und arbeitete ab 1909 in Hamburg als Buchhalter bei der Großeinkaufsgesellschaft Deutscher Konsumvereine (GEG).
Nach der Revolution 1918 wurde er Sekretär des Beigeordneten beim Regierungspräsidenten von Schleswig-Holstein. 1920 als Reichskommissar eingesetzt, hatte er maßgeblichen Anteil an der Niederschlagung des Kapp-Putsches in Schleswig-Holstein. Bis 1923 war er als Zivilkommissar mit dem demokratischen Aufbau der Polizei in der Provinz betraut, baute ab 1924 das dortige Reichsbanner auf.
1928 wurde Meitmann zum Vorsitzenden der SPD-Landesorganisation Hamburg gewählt, auf Reichsebene gehörte er dem SPD-Parteiausschuss an. 1931 wurde er Mitglied der Hamburgischen Bürgerschaft.

143 Tormin, Anm. 1, S. 13, sowie Klaus, Andreas, Gewalt und Widerstand in Hamburg-Nord während der NS-Zeit, Hg. Bezirksamt und Bezirksversammlung Hamburg-Nord, 1986 und Christier, Holger, Sozialdemokratischer und kommunistischer Widerstand in Hamburg 1933-1945,Herzig, Arno/Langewiesche, Dieter /Sywottek Arnold (Hrsg.): Arbeiter in Hamburg : Unterschichten, Arbeiter u. Arbeiterbewegung seit d. ausgehenden 18. Jh., Hamburg 1983

Unter Bruch der Immunität wurde er mehrfach verhaftet. Als am 15. und 16. Juni die Hamburger SPD-Führung in der so genannten „Echo-Versammlung" noch einmal zusammen kam, stellte Meitmann eine vierseitige „Situations-Analyse" über die politischen Verhältnisse in Deutschland vor. Die Veranstaltung nahm ein abruptes Ende, als Polizei und SA-Leute die Anwesenden verhafteten. Obwohl keine strafbaren Handlungen nachgewiesen werden konnten, kamen die Teilnehmer erst nach Wochen wieder frei. Meitmann wurde Ende Oktober 1933 als letzter entlassen. Er erhielt die Auflage, Hamburg innerhalb von 24 Stunden zu verlassen.

Ein Freund verschaffte Meitmann eine Beschäftigung in der Kohlenbranche in Berlin. Meitmann hatte Kontakt zu Widerstandskreisen, lebte aber zurückgezogen.
Im Juni 1945 kam er zurück nach Hamburg. Sofort übernahm er beim Aufbau der SPD die Führung. Dem am 14. Juli 1945 gewählten provisorischen Landesvorstand stand er erneut vor. Meitmann blieb bis 1952 Landesvorsitzender und gehörte anschließend noch weitere sechs Jahre dem Landesvorstand an. Auch im Bezirk Hamburg-Nordwest führte er wieder den Vorsitz. Von 1947 bis 1954 war er Mitglied des zentralen Parteivorstandes. Er war 1946 bis 1949 Mitglied der Hamburgischen Bürgerschaft und von 1949 bis 1961 Mitglied des Deutschen Bundestages. Nach dem Rückzug aus der Politik lebte Karl Meitmann in Mönkeberg bei Kiel, wo er am 17. Februar 1971 starb.[144]

Hans Podeyn

Hans Podeyn (*1894) wurde als Sohn eines Straßenbahners in Hamburg-Hammerbrook geboren. Er besuchte die Volksschule und anschließend das Lehrerseminar. Nach 1918 wurde er Lehrer in Altengamme, wo er sich in der SPD und der Gemeindeverwaltung engagierte. 1924 wurde Podeyn in die Hamburgische Bürgerschaft gewählt und übernahm 1928 das Amt des Fraktionsvorsitzenden, das er bis 1933 ausübte. Er lehnte im Namen der Fraktion die Mitwahl des NS-Senats ab und stellte in einer mutigen Rede fest, dass jetzt „eine Periode der Verfolgung und des Terrors" begonnen habe.
Hans Podeyn wurde aus dem Schuldienst entlassen und ebenfalls als Teilnehmer der „Echo"-Versammlung inhaftiert. Er musste sich eine neue Existenz aufbauen und wechselte bis 1945 aus wirtschaftlichen Gründen neunmal den Wohnsitz. 1935 geriet Hans Podeyn erneut in das Visier der Gestapo und stand im Verdacht, sich an der illegalen Parteiarbeit zu beteiligen. Im darauf folgenden Jahr wurde er erneut vorübergehend festgenommen.
Im November 1945 wieder in Hamburg fand er eine Anstellung beim Landwirtschaftsrat und wechselte im Juni 1946 in das Zentralamt für Ernährung und Landwirtschaft der britischen Zone. Bis 1949 war er als Abteilungsleiter und Ministerialdirektor tätig. Nach der Gründung der Bundesrepublik Deutschland arbeitete er im Bundesministerium für Ernährung, Landwirtschaft und Forsten. Als Vertreter dieses Ministeriums ging er 1950 in die USA, wo er in ähnlichen Funktionen mehrere Jahre tätig war. Podeyn wechselte in den diplomatischen Dienst und war von 1954 bis 1959 als Botschafter in Pakistan. In dem von früheren Nationalsozialisten dominierten Auswärtigem Amt der Bundesrepublik Deutschland gehörte er zu der kleinen, nur aus fünf Sozialdemokraten bestehenden Gruppe von Mitarbeitern des höheren Dienstes, die eine Führungsposition inne hatten.

144 *Ausführlich zu Meitmann: siehe Datenbank AvS*

Hans Podeyn starb am 19. August 1965 in Bad Homburg vor der Höhe.[145]

Senator A. Schönfelder

Adolph Schönfelder (*1875) erlernte das Zimmererhandwerk und wurde 1898 Gewerkschaftsmitglied. Drei Jahre später trat er der SPD bei. Ab 1905 arbeitete er als Gewerkschaftssekretär und von 1921 bis 1926 war er Vorsitzender des Zentralverbands der Zimmerer.
Adolph Schönfelder, hochbegabt und auch in Schul- und kulturellen Fragen sehr engagiert[146], wurde 1919 in den SPD-Landesvorstand gewählt und kandidierte erfolgreich für die Hamburgische Bürgerschaft. Als Senator übernahm er 1925 die Baubehörde und als „Polizeiherr" unterstanden ihm von 1926 bis 1933 die Hamburger Polizeikräfte. Als die Hitler-Regierung ein Verbot der SPD-Parteizeitung „Hamburger Echo" verlangte, trat er zusammen mit sozialdemokratischen Amtskollegen am 3. März 1933 vom Amt zurück. Schönfelder gehörte zu den Initiatoren der letzten Parteiversammlung am 15./16. Juni 1933. Er wurde mit verhaftet und von den Nationalsozialisten schwer misshandelt. Nach seiner Freilassung lebte er zurückgezogen, unterhielt aber Kontakt zu zahlreichen Sozialdemokraten. Durch Gustav Dahrendorf war er frühzeitig über die Attentatspläne auf Hitler informiert. Im Rahmen der Aktion „Gewitter" nach dem Attentat wurde er erneut vorübergehend inhaftiert. Bei Kriegsende war er 70 Jahre alt, wollte nicht wieder in die Politik, aber als er gebeten wurde, kam er sofort und wurde von der britischen Besatzungsmacht zum Stellvertreter des Ersten Bürgermeisters ernannt. Die Ernannte Bürgerschaft wählte ihn am 8. März 1946 zu ihrem Präsidenten. Dieses Amt übte er bis 1960 aus. Mitglied der Bürgerschaft blieb er noch bis Oktober 1961. Adolph Schönfelder vertrat Hamburg 1948/49 im Parlamentarischen Rat, dessen Vizepräsident er war.
Für seine Verdienste um seiner Heimatstadt wurden ihm zahlreiche Ehrungen zuteil. Posthum erschienen die Erinnerungen seiner Tochter Thea Schönfelder, die einen tiefen Einblick in seine Persönlichkeit und sein Leben gewähren.[147] Adolph Schönfelder starb am 3. Mai 1966 in Hamburg. 1970 wurde eine Straße in Barmbek-Süd nach ihm benannt.[148]

Herbert Ruscheweyh (*1892) wuchs in bürgerlichen Verhältnissen auf, besuchte das Gymnasium und studierte Rechtswissenschaften. Unter dem Eindruck der Kriegserlebnisse im Ersten Weltkrieg trat er 1917 in die SPD ein. Zusammen mit dem Bürgerschaftsabgeordneten der Deutschen Demokratischen Partei (DDP), Dr. Max Eichholz, der später von den Nationalsozialisten als Jude verfolgt und ermordet wurde, gründete er 1921 eine Sozietät.

145 Eckart Conze u.a.: Das Amt und die Vergangenheit. Deutsche Diplomaten im Dritten Reich und in der Bundesrepublik, 3. Auflage München 2010,S. 490-506; Claus Gossler: Hans Leip, Ulrich Nabel, Ludwig Uphoff, Hans Podeyn und andere Kommilitonen des Jahrgangs 1908/14 am zweiten Hamburger Lehrerseminar am Steintordamm, in: Auskunft Zeitschrift für Bibliothek, Archiv und Informationen in Norddeutschland, 31. Jahrgang, Juni 2011, Heft 1: S. 31-52; Martens, Holger: Auf dem Weg in den Widerstand - Die „Echo"-Versammlung der Hamburger SPD 1933, Hamburg 2010, S.51
146 Vgl. Schult, Johannes, Die Hamburger Arbeiterbewegung als Kulturfaktor, Hamburg 1954, S. 91
147 Erinnerungen Thea Louise Schönfelders, in: Bake, Rita, Anm.2 (Vorwort), S 36ff
148 Ausführlich zu Schönfelder: siehe Datenbank AvS; Franklin Kopitzsch: Für Hamburg im Parlamentarischen Rat: Bürgermeister a. D. Adolph Schönfelder, Präsident der Bürgerschaft, in: Franklin Kopitzsch/Helmut Stubbe–da Luz: Drei Hamburger im Parlamentarischen Rat: Adolph Schönfelder und Paul de Chapeaurouge, Hermann Schäfer, Hamburg 1999, S. 9-50.

Ruscheweyh wurde 1928 zum ersten Mal in die Hamburgische Bürgerschaft gewählt und übernahm nach der Bürgerschaftswahl vom 27. September 1931 das Amt des Bürgerschaftspräsidenten - in einer schwierigen Zeit, die von einer zunehmenden politischen Radikalisierung gekennzeichnet war.
Herbert Ruscheweyh blieb bis Ende März 1933 im Amt. Erfolglos setzte er sich bis zum Schluss für die unter Bruch der Immunität verhafteten Abgeordneten von SPD und KPD ein. Als Anwalt verteidigte er 1933 Dr. Julius Leber vor dem Lübecker Schwurgericht. Auch konnte er im Sommer erfolgreich einen Prozess wegen Hochverrats gegen führende Funktionäre der SPD abwenden, die als Teilnehmer der sogenannten „Echo“-Versammlung“ verhaftet worden waren. Auch Herbert Ruscheweyh wurde von Gustav Dahrendorf über die Umsturzpläne des 20. Juli 1944 informiert. Nach dem Attentat wurde er vom 22. August bis zum 18. September 1944 im KZ Fuhlsbüttel gefangen gehalten.
Nach dem Ende des NS-Regimes beteiligte sich Ruscheweyh am demokratischen Aufbau. Am 30. Oktober 1945 wurde er zum Präsidenten der Anwaltskammer gewählt. Am 2. Januar 1946 übernahm er das Amt des Vizepräsidenten, später des Präsidenten des Hanseatischen Oberlandesgerichts.
Als ehemaliger demokratischer Bürgerschaftspräsident vor April 1933 eröffnete er am 27. Februar 1946 die von der britischen Militärregierung ernannte Bürgerschaft. Von 1948 bis 1951 amtierte Ruscheweyh als Präsident des Deutschen Obergerichts für das Vereinigte Wirtschaftsgebiet in Köln. Er wirkte an der Hamburgischen Verfassung von 1952 mit und wurde erster Präsident des Hamburgischen Verfassungsgerichts. Ruscheweyhs Ruf als Jurist reichte weit über Hamburgs Grenzen hinaus. Er übernahm neben seiner richterlichen Tätigkeit nationale und internationale Aufgaben. 1951 ernannte der Senat ihn zum Honorarprofessor. Herbert Ruscheweyh starb am 11. März 1965 in Hamburg.[149]
In Wandsbek wurde 1975 eine Straße nach ihm benannt.

Walter Schmedemann

Auch für **Walter Schmedemann** (*1901) gilt das Gleiche, wie für viele andere: sozialdemokratisches Elternhaus, Eintritt in die SAJ, Volksschule, Ausbildung, Engagement als Betriebsrat. Er trat 1917 in die USPD ein und wurde 1924 SPD-Mitglied. 1931 übernahm er den Distriktsvorsitz in Eilbek. Er gehörte der Gewerkschaft und dem Reichsbanner an. 1932 kandidierte er erfolgreich für die Hamburgische Bürgerschaft, deren Mitglied er bis zum Verbot der SPD 1933 blieb.
Walter Schmedemann gehörte zu denen, die die Notwendigkeit sahen, sich auf die Arbeit im Untergrund vorzubereiten.[150] Bereits Anfang 1933 wurde er sechs Wochen inhaftiert, als er einem von mehreren Nationalsozialisten bedrohten Reichsbannermann mit seiner Pistole zur Seite stand. Zwar hatte auch Schmedemann an der Parteiversammlung am 16. Juni 1933 teilgenommen, war aber frühzeitig gegangen und wurde erst Tage später verhaftet.
Nach seiner Entlassung baute Walter Schmedemann eine illegale Parteiorganisation

149 zu Ruscheweyh siehe Datenbank AvS, Hamburgische Biografie, Bd. III, S. 322-324
150 Ausführlich zu Schmedemann: siehe Datenbank AvS; Hamburgische Biografie, Bd. II, S. 372-373

auf, die im Spätsommer 1933 über eine feste Struktur verfügte und zu allen ehemaligen SPD-Distrikten Verbindung hatte. Die Verbindungen reichten bis zum SPD-Auslandssekretariat in Kopenhagen und zum Exilvorstand in Prag. Die Aktivitäten wurden Ende 1934 aufgedeckt und die Leitungsgruppe verhaftet. Schmedemann erhielt zwei Jahre und sechs Monate Zuchthaus. Die illegale Arbeit wurde unter neuer Führung fortgesetzt. Trotz mehrerer Verhaftungswellen konnte bis 1938 ein umfangreiches Netzwerk im Untergrund aufrechterhalten werden.
Nach der Verbüßung seiner Haftstrafe wurde Schmedemann nicht entlassen, sondern in das KZ-Sachsenhausen überführt und hier weitere 13 Monate bis Mitte Oktober 1938 gefangen gehalten. Wie zuvor in Fuhlsbüttel, war er auch in Sachsenhausen schwersten Misshandlungen ausgesetzt, die zu einer dauerhaften gesundheitlichen Beeinträchtigung führten. Walter Schmedemann wurde noch mehrmals verhaftet, zuletzt im Rahmen der Aktion „Gewitter" nach dem Attentat vom 20. Juli.

Nach dem Ende der NS-Diktatur beteiligte sich Schmedemann an führender Stelle am Wiederaufbau der Demokratie. So übernahm er den Vorsitz der von Sozialdemokraten, Kommunisten und Gewerkschaftern Anfang Mai 1945 gebildeten Sozialistischen Freien Gewerkschaft (SFG) (vgl. Kap. 1). In der Vereinigung der Verfolgten des Naziregimes (VVN) übte er bis zur Gründung der AvS 1948 das Amt des zweiten Vorsitzenden aus. Von 1945 bis 1962 war Schmedemann zweiter Vorsitzender der Hamburger SPD und anschließend noch weitere vier Jahre Beisitzer im Landesvorstand. Der Hamburgischen Bürgerschaft gehörte er von 1949 bis 1970 an. Nach seiner Wiedereinstellung bei der Gesundheitsbehörde – er war vor 1933 Vorsitzender des Betriebsrats des Krankenhauses St. Georg gewesen - war er dort als Personaldezernent tätig. Von 1948 bis 1953 und von 1957 bis 1967 brachte er als Gesundheitssenator das Hamburger Gesundheitswesen, das schwer an Kriegsfolgen litt, wieder in geordnete Bahnen. Walter Schmedemann starb am 1. April 1976.
In Langenhorn wurde 1980 die Walter-Schmedemann-Straße nach ihm benannt.

Louis Sellmer

Louis Sellmer (*1889), in Hamburg geboren, erlernte das Gürtlerhandwerk. Er wuchs in einem sozialdemokratischen Elternhaus auf, gründete 1905 mit der „Jungen Garde" eine Arbeiterjugendgruppe und trat in die SPD ein. Bis 1933 leitete er den Distrikt St. Pauli. Der Hamburgischen Bürgerschaft gehörte er von 1932 bis Juni 1933 an. Auch er wurde am 16. Juni 1933 verhaftet und am 22. Juli 1933 aus dem Untersuchungsgefängnis entlassen. Am 1. Juli 1933 fristlos gekündigt, blieb er über vier Jahre arbeitslos und konnte erst zum 1. Januar 1938 eine durch Freunde vermittelte Tätigkeit als Hausverwalter aufnehmen. 1944 wurde Louis Sellmer erneut inhaftiert und vom 22. August bis zum 19. September 1944 gefangen gehalten.
Nach dem Krieg beteiligte sich Louis Sellmer am Wiederaufbau der SPD. Er gehörte 1945 dem vorläufigen Landesvorstand an und wurde als Parteisekretär eingestellt. Von 1946 bis 1953 und noch einmal von 1955 bis 1957 war er Mitglied der Hamburgischen Bürgerschaft. 1950/51 gehörte er dem Wahlprüfungsausschuss, dem Haushaltsausschuss, dem Verfassungsausschuss, dem Gesundheitsausschuss und dem Ausschuss für Universität und Schule an. Louis Sellmer starb am 14. Januar 1978.[151]

151 Ausführlich zu Sellmer: siehe Datenbank AvS

Heinrich Eisenbarth (*1884) erlernte bis 1901 das Tischlerhandwerk. Anschließend begab er sich auf Wanderschaft und leistete Militärdienst. 1907 schloss er sich in Hamburg der SPD an. Nach dem Ersten Weltkrieg fand er eine Anstellung beim Hamburger Arbeitsamt. 1919 wurde er in die Hamburgische Bürgerschaft gewählt, der er bis 1933 angehörte. Ebenfalls von 1919 bis 1933 war er 2. Vorsitzender der Hamburger SPD und bis 1930 führte er im Reichsbanner den Gau Hamburg-Bremen-Nordhannover. Als Senator leitete Heinrich Eisenbarth von 1925 bis 1933 die Jugend- und Gesundheitsbehörde. Im Juni 1933 kam auch er als Teilnehmer der „Echo"-Versammlung für mehrere Wochen in Haft. Nach dem Hitler-Attentat von 20. Juli 1944 wurde Heinrich Eisenbarth im Zuge der „Aktion Gewitter" erneut verhaftet. Nach der Befreiung wurde er wieder zum Senator berufen und übernahm seine früheren Aufgaben. Unter Bürgermeister Max Brauer wechselte er als Senator zur Sozialbehörde. Später gehörte auch die Arbeitsbehörde in seine Zuständigkeit. Heinrich Eisenbarth starb am 1. August 1950.

Senator H. Eisenbarth

Paul Nevermann (*1902) war das dritte Kind eines ungelernten Brauereiarbeiters. Nach dem Besuch der Volksschule erlernte Nevermann den Beruf des Maschinenbauers. Schon in jungen Jahren engagierte er sich in der Arbeiterjugend und im Metallarbeiter-Verband. 1920 trat er der SPD bei, später auch dem Reichsbanner. 1926 absolvierte er mit Erfolg den ersten Hamburger Arbeiterabiturientenkursus. Anschließend studierte er Jura und engagierte sich im Sozialistischen Studentenbund. Nach der Promotion 1930 fand er zwei Jahre später eine Anstellung als Assessor am Hamburger Arbeitsamt.

Nevermann zählte zu den viel versprechenden Nachwuchspolitikern in der damals noch selbstständigen preußischen Stadt Altona. Er war Mitglied des SPD-Ortsvereinsvorstands und kandidierte 1932 für den preußischen Landtag.

Nach der Machtübernahme der Nationalsozialisten quittierte Nevermann den Staatsdienst und machte sich als Rechtsanwalt in Hamburg selbstständig. Ein Jahr stand er unter Polizeiaufsicht und musste sich täglich melden. Er verteidigte Sozialdemokraten und Kommunisten in politischen Prozessen. 1935 wurde ihm die Verteidigung in Hochverratsprozessen untersagt. 1942 wurde Nevermann auf der Stülckenwerft dienstverpflichtet. Nach dem Hitler-Attentat wurde Nevermann im August 1944 im Zuge der „Aktion Gewitter" zwei Wochen inhaftiert.

Seit 1945 beteiligte sich Nevermann am Neuaufbau der SPD und am Wiederaufbau der Stadt. 1946 gehörte er der Ernannten Bürgerschaft an, von 1946 bis 1974 der Hamburgischen Bürgerschaft. Von November 1945 bis November 1946 war er Sozialsenator, 1946 bis 1953 Bausenator, von 1950 bis 1953 auch Zweiter Bürgermeister. Nach dem Wahlsieg des bürgerlichen Hamburg-Blocks führte Nevermann von 1953 bis 1957 als charismatischer und angriffslustiger Politiker die sozialdemokratische Opposition in der Bürgerschaft. Am 1. Januar 1961 wurde er als Nachfolger Max Brauers Erster Bürgermeister. Als die Presse 1965 die Trennung von seiner Frau Grete thematisierte, sah sich Nevermann durch die Kampagne des Springer-Konzerns[152] und

152 Detailliert dazu: http://de.wikipedia.org/wiki/Paul_Nevermann „Der Rücktritt", abgerufen 14.12.2012, vgl. auch Kap. 2, Anm 36

Ollenhauer, Nevermann, Brandt, hinter Ollenhauer re. Wehner

mangelnde Rückendeckung im Landesvorstand am 9. Juni 1965 zum Rücktritt veranlasst.
Nevermann, in der Öffentlichkeit wie in der Partei geschätzt und beliebt, wurde 1966 in einer Kampfabstimmung gegen Helmut Schmidt zum Landesvorsitzenden der Hamburger SPD gewählt. Von 1967 bis zu seinem Tod am 22. März 1979 führte Nevermann den Deutschen Mieterbund als Präsident. Für seine Verdienste um Hamburg erhielt er 1972 die Bürgermeister-Stolten-Medaille. 1984 wurde der Platz südlich des Altonaer Bahnhofs nach ihm benannt. [153]

Johannes Richter

Johannes Richter (*1895) besuchte die Volksschule und machte eine Ausbildung als Schriftsetzer. Ab 1919 Lokalredakteur beim "Stettiner Volksboten" schloss er sich 1911 der sozialistischen Jugendbewegung an und wurde 1915 Mitglied der SPD. 1922 wechselte Richter zum "Hamburger Echo", wo er bald zu den leitenden Redakteuren aufstieg.
Seinen Wohnsitz hatte Richter in der preußischen Nachbarstadt Altona. Er gehörte der Stadtverordnetenversammlung von 1927 bis 1933 an und war er zuletzt Vorsitzender der SPD-Fraktion. Er war damit einer der führenden Sozialdemokraten in Altona. Nach der Machtübernahme wurde Richter als Redakteur entlassen. Er wurde unter Polizeiaufsicht gestellt und ihm wurde ausdrücklich jegliche politische Betätigung untersagt. Durch Berufsverbot war Richter die Möglichkeit genommen, als Redakteur zu arbei-

153 zu Nevermann: siehe Datenbank AvS; Hamburgische Biografie, Bd. I, S. 218-219

Eine Genossin liest die erste Ausgabe des 'Hamburger Echo'.

ten. Ab August 1934 betätigte er sich in der von seiner Frau erworbenen Leihbücherei, übernahm diese später selber, die wirtschaftlichen Erträge waren aber gering.
Wiederholt stand er im Verdacht, sich am Widerstand zu beteiligen. Er musste Vernehmungen und Hausdurchsuchungen über sich ergehen lassen. Vom 20. August bis zum 4. September 1944 war auch er im Konzentrationslager Fuhlsbüttel inhaftiert.

Nach dem Ende des NS-Regimes gehörte auch Johannes Richter dem provisorischen SPD-Landesvorstand an. Nach der Zulassung deutscher Zeitungen wurde er 1946 Chefredakteur des "Hamburger Echo" und war von 1946 zu seinem Tod 1970 Mitglied der Hamburgischen Bürgerschaft. Er gehörte viele Jahre dem Fraktionsvorstand an, zeitweilig in der Funktion des stellvertretenden Fraktionsvorsitzenden, und führte den Vorsitz im Haushaltsausschuss. Darüber hinaus engagierte er sich im Kulturausschuss und im Geschäftsordnungsausschuss.[154]

154 zu Johannes Richter: siehe Datenbank AvS

8. Sozialdemokraten im öffentlichen Dienst

Von den Verfolgungsmaßnahmen der Nationalsozialisten waren Mandatsträger und Funktionäre besonders schwer betroffen, die zugleich als Parteisekretäre oder Angestellte der SPD tätig waren oder bei parteinahen und parteieigenen Betrieben wie z.B. dem Hamburger Echo beschäftigt waren. Ihnen drohten nicht nur Verhaftungen, sondern durch die Beschlagnahme des Parteivermögens und die Schließung der Unternehmen büßten sie auch ihren Arbeitsplatz ein. Auch zahlreiche Sozialdemokraten, die im öffentlichen Dienst beschäftigt waren, verloren ihre wirtschaftliche Existenz. Das „Gesetz zur Wiederherstellung des Berufsbeamtentums" vom 7. April 1933 richtete sich nicht nur gegen Juden. In § 4 wurde die Möglichkeit vorgesehen, Beamte zu entlassen, „die nach ihrer bisherigen politischen Betätigung nicht die Gewähr dafür bieten, daß sie jederzeit rückhaltlos für den nationalen Staat eintreten". In der ersten Durchführungsverordnung vom 11. April 1933 wurde § 2 dahingehend präzisiert, dass Personen, „die der kommunistischen Partei und kommunistischen Hilfs- oder Ersatzorganisationen angehören", als Beamte ungeeignet und zu entlassen seien. In der Neufassung des Gesetzes vom 20. Juli 1933 hieß es dann: „Zu entlassen sind auch Beamte, die sich in Zukunft im marxistischen (kommunistischen oder sozialdemokratischen) Sinne betätigen"[155]

In Hamburg machten die Nationalsozialisten von den neuen gesetzlichen Möglichkeiten ausgiebig Gebrauch. Egal ob prominenter Politiker oder einfaches Mitglied, Sozialdemokraten wurden systematisch aus dem öffentlichen Dienst entfernt, unabhängig davon, ob sie in gehobenen und sensiblen Bereichen tätig oder einfache Angestellte und Arbeiter waren.

Viele der Entlassenen blieben über Jahre arbeitslos, weil das Arbeitsamt systematisch die Aufnahme einer geregelten Beschäftigung verhinderte. Erst in der zweiten Hälfte der 1930er Jahre verbesserte sich die Situation, als die Arbeitskräfte knapp wurden. Nachfolgend werden die Lebensgeschichten einiger dieser Verfolgten aufgeführt – leider war die Darstellung aller derjenigen, die dieses Schicksal oder sogar Schlimmeres erlitten, nicht möglich.

Ausweis für Erwerbslose - Otto Grot

Im Reichsbanner hatten Polizeibeamte, die Mitglieder der SPD waren, vor 1933 eine wichtige Rolle gespielt. **Otto Grot** (*1905), Polizeileutnant, war führend vor allem bei der Ausbildung der Schutzformationen (Schufos). Der nachfolgende Beitrag von Herbert Diercks zeichnet den Lebensweg dieses ungewöhnlichen Mannes nach:

Otto Grot war von 1952–1965 Kommandeur der Hamburger Schutzpolizei. Im Nationalsozialismus hatte er sich aktiv am sozialdemokratischen Widerstand beteiligt und mehrere Jahre deshalb in einem Konzentrationslager, einem Zuchthaus

155 http://www.documentarchiv.de/ns.html, Zugriff 7.12.2012

und einem Strafgefangenenlager verbracht. Nur mit großem Glück und gesundheitlich angeschlagen hatte er den Kriegseinsatz im Bewährungsbataillon 999 und die Kriegsgefangenschaft überlebt. Er nahm erheblichen Einfluss auf die Entwicklung der Schutzpolizei in den 1950er- und 1960er-Jahren.[156]

Seine frühe Entlassung aus der Kriegsgefangenschaft und Wiedereinstellung in den Polizeidienst verdankte er u.a. dem Polizeichef Bruno Georges[157], der nach Kriegsende Beamte, die im Nationalsozialismus wegen ihrer Mitgliedschaft im Reichsbanner Schwarz-Rot-Gold und in der SPD aus dem Dienst entlassen worden waren und erhebliche persönliche Nachteile erlitten hatten, wieder einstellte und in Leitungsfunktionen brachte.

Otto August Heinrich Grot wurde am 17. Juli 1905 in Kastorf geboren.[158] Nach dem Besuch einer Volks- und Realschule lernte er Tischler, schloss sich der Gewerkschaftsjugend des Holzarbeiterverbandes an und wurde deren Vorsitzender.

Wie sein Vater schloss sich auch Otto Grot der SPD an und gründete 1923 eine Jungsozialisten-Gruppe in Barmbek. Im selben Jahr wurde er Mitglied der Vereinigung Republik, aus der 1924 das Reichsbanner Schwarz-Rot-Gold hervor ging. Das Engagement für das Reichsbanner hatte für sein weiteres Leben eine prägende Bedeutung.[159]

Er wurde Aktivist des Reichsbanners, und als die aktivsten jungen Männer des Reichsbanners ab Ende 1930 in Schutzformationen zusammengefasst wurden, übernahm Otto Grot die Führung der Schufo 11 von Barmbek-Dehnhaide und wurde stellvertretender Abteilungsführer der im Barmbeker Raum aktiven Schufos 10, 11, 17 und 18. Das war das sogenannte „Eiserne Bataillon". Zeitgleich gehörte er dem Gauvorstand des Reichsbanners an. Dort fungierte er als stellvertretender technischer, d.h. militärischer Leiter.

Im Reichsbanner sei er über einen Polizeibeamten auf den Beruf des Polizeibeamten aufmerksam gemacht worden, berichtete Otto Grot 1982 im Rückblick.[160] Die Bewerbung hatte Erfolg. Otto Grot trat zum 21. Juli 1925 als Hilfswachtmeister in die Stammabteilung Bahrenfeld der Ordnungspolizei ein. Seine einjährige Ausbildung endete am 21. Juli 1926 mit der Ernennung zum Polizeibeamten. Nach erfolgreichem Abschluss mehrerer Fachprüfungen qualifizierte er sich für einen einjährigen Oberbeamtenlehrgang in Groß Borstel. Diesen schloss er 1931 mit der I. Polizei-Oberbeamtenprüfung erfolgreich ab. Zum Polizeileutnant ernannt wurde er als Zugführer in der 16. Wachbereitschaft eingesetzt, dann, ab Juli 1932, als Ausbildungsoffizier an der Polizeischule in Wandsbek.

Die demokratischen Kräfte haben die „Machtergreifung" der Nationalsozialisten nicht verhindern können. Otto Grot wurde am 1. März 1933[161] aus der Vereinigung der Oberbeamten (Polizeioffiziere) ausgeschlossen, am 7. März 1933 vom Dienst beur-

156 Kurzbiografien von Otto Grot in Boldt, Erwin B.: Die verschenkte Reform. Der Neuaufbau der Hamburger Polizei zwischen Weimarer Tradition und den Vorgaben der britischen Besatzungsmacht 1945–1955, Hamburg 2002, S. 289–291, und Hamburgische Biografie, Bd. II, S. 158–160. Der engeren Polizeiführung gehörten weitere Sozialdemokraten und ehemalige Mitglieder des Reichsbannes Schwarz-Rot-Gold an, die 1933 entlassen worden waren und zum Kreis der NS-Geschädigten gehörten. (Boldt, S. 274–299)

157 Hamburgische Biografie, Bd. II, S. 138–140

158 Alle Angaben zur Person Otto Grots und seines beruflichen Werdeganges erfolgen auf Grundlage seiner Personalakte und den Materialsammlungen im Nachlass im Hamburger Staatsarchiv (StAH) (331-8 Nr. 741 und 622-2/23). Im Folgenden werden lediglich Zitate und Aussagen nachgewiesen, die auf andere Quellen beruhen

159 Otto Grot fertigte in den 1980er-Jahren ausführliche Berichte über sein Engagement im Reichsbanner Schwarz-Rot-Gold, über den Widerstand nach 1933 und seine Verfolgung an. Seine Angaben werden durch zahlreiche amtliche Unterlagen ergänzt und bestätigt. Berichte und weitere Dokumente finden sich im Nachlass, insbesondere in den Mappen Nr. 19 und 106 (STAH 622-2/23)

160 StAH 622-2/23, Nr. 106

161 Nachrichtenblatt der Vereinigung der Oberbeamten der Ordnungspolizei Nr. 53, 16. März 1933 (StAH, 113-2, A III 1 a + b)

laubt und zum 30. Juni 1933 aus dem Polizeidienst entlassen. In einer Denunziation seines Vorgesetzten beim Chef der Ordnungspolizei vom 5. März 1933 heißt es: „Pol-Lt. Grot ist sehr eifriges und werbendes Mitglied des Reichsbanners. Er ist nicht in der Lage, die ihm unterstellten Beamten im staatsbejahenden Sinne zu erziehen.“[162]
Es begann jetzt eine wirtschaftlich schlechte Zeit mit geringen Versorgungsbezügen für etwa ein Jahr sowie einer kleinen Rente von etwa 23 RM für einen 1929 im Dienst erlittenen Gesundheitsschaden. Bei einem Demonstrationseinsatz im November 1929 hatte ihn eine Gruppe von Kommunisten niedergeschlagen; seine erheblichen Verletzungen beeinträchtigten ihn mit einer damals mit 30 % anerkannten dauerhaften Erwerbsminderung.
Erwerbslosigkeit und vorübergehende Beschäftigungen wechselten sich in den folgenden Jahren ab. Am 29. April 1933 heiratete er Gertrud Wünsche; 1934 und 1940 wurden seine beiden Söhne geboren.
Otto Grot hielt Kontakt zu seinen Freunden und Kameraden der Schufo 11; gemeinsam beteiligten sie sich am Widerstand. Dieser bestand einerseits aus dem Bezug und der Weitergabe illegaler Schriften oder aus Geldsammlungen. Einmal, im Sommer 1933, traf sich Otto Grot im Tangstedter Forst mit Theodor Haubach, der auf Reichsebene einen Widerstand des Reichsbanners organisierte.[163]
Im Februar 1937 erfolgte die Aufdeckung der Widerstandstätigkeit der Schufo 11 durch die Gestapo. Auch Otto Grot wurde verhaftet, mehrere Monate in das Konzentrationslager Fuhlsbüttel gesperrt und am 17. Januar 1938 zu 2 ½ Jahren Zuchthaus verurteilt. Die anschließende Strafhaft im Gefangenenlager Aschendorfer Moor bedeutete Zwangsarbeit.
Am 19. August 1939 kam Otto Grot wieder frei, wurde aber fortan von der Gestapo überwacht. Er konnte als Tischler arbeiten und wurde als Wehrunwürdiger zunächst nicht einberufen. Dann, im Februar 1943, begann auch für Otto Grot der Kriegsdienst im Bewährungsbataillon 999. Nach einer halbjährigen Ausbildung war er ab August 1943 in Griechenland auf der Insel Zakynthos (Zante) eingesetzt.
Im Herbst 1944 begann der außerordentlich verlustreiche Rückmarsch durch den Balkan und am 12. April 1945 geriet Otto Grot in der Nähe von Belgrad in jugoslawische Kriegsgefangenschaft.
In Hamburg setzte sich die britischen Militärregierung auf Vorschlag von Bruno Georges für die Freilassung von Otto Grot aus der Kriegsgefangenschaft ein; Georges war vor 1933 zeitweilig dessen Vorgesetzter gewesen und hatte zu den Aktivsten im Reichsbanner gehört. Jetzt hatte er die Absicht, diesen erfahrenen Polizeioffizier wieder einzustellen und mit Leitungsaufgaben zu versehen. In Hamburg gab es wenige demokratisch gefestigte Polizeioffiziere wie Otto Grot.

Am 22. Juni 1946 erfolgte die Entlassung Otto Grots aus der Kriegsgefangenschaft. Nach der Rückkehr nach Hamburg am 22. Juni 1946 war er, von den Entbehrungen, den Rückzugsmärschen und der Kriegsgefangenschaft gezeichnet, mit 40 % vermindert dienstfähig. Dennoch war er sofort bereit, in den Polizeidienst zurückzukehren. Bereits zum 1. Juli 1946 wurde er als Polizei-Revierchef wieder eingestellt. Ihm wurde die Leitung der „Polizei-Einsatzabteilung“ (PEA), einem Vorläufer der Bereitschaftspolizei übertragen. Zu den Hauptaufgaben der PEA gehörten u.a. die Bekämpfung des Schwarzmarktes und die Überwachung von Kohlentransporten im strengen Winter 1946/47, gleicherweise auch die Bekämpfung innerer Unruhen.[164]

162 StAH, 331-8 Nr. 741, Bl. 11
163 Zimmermann, Peter: Theodor Haubach (1896–1945). Eine politische Biographie, Hamburg 2004
164 Boldt (Anm. 13), S. 225–229, Steinborn, Norbert / Schanzenbach, Karin: Die Hamburger Polizei nach 1945 – ein Neuanfang, der keiner war –, Hamburg 1990, S. 88–90

Wenige Monate später, im Dezember 1946, übernahm der inzwischen zum Polizei-Abschnittschef ernannte Otto Grot in der Dienststelle Polizeichef die Leitung des bedeutenden Außendienstamtes, das für die Organisation und den Einsatz des gesamten polizeilichen Außendienstes Hamburgs zuständig war. Damit übernahm er sehr große Verantwortung, da kriegsbedingt Ordnungswidrigkeiten, Kleinkriminalität und soziale Konflikte auf der Tagesordnung standen. Er war in dieser Funktion einer der wichtigsten Mitarbeiter des Polizeichefs und späteren Polizeipräsidenten Bruno Georges. Diese Aufgabe war riesig, zumal die Gesundheit Otto Grots weiterhin schwer angeschlagen war.

Im März 1947 wurde Otto Grot zum Leiter der Polizei-Gruppe Ost ernannt. Damit reduzierte sich der Zuständigkeitsbereich auf etwa 30 Polizeireviere im Osten Hamburgs. Er hatte die Verantwortung und Dienstaufsicht über die Beamten dieser Reviere und kümmerte sich um deren Ausbildung und den Ausbau der Polizeiorganisation. Zu den großen Aufgaben gehörte die Einrichtung einer Sperrzone in den Vier- und Marschlanden und deren Überwachung, die Sicherung des Güterbahnhofes in Hamburg-Rothenburgsort sowie der diversen Lager ehemaliger Zwangsarbeiterinnen und Zwangsarbeiter, weiterhin die Bekämpfung des Schwarzmarktes sowie die polizeilichen Sicherungsmaßnahmen im Zuge der gefährlichen Aufräumarbeiten in den während des Krieges zerstörten Stadtteilen. Daneben war er auch Vorsitzender der Beamtenvertretung für die Hamburger Polizei.

Otto Grot 1965

Nach fünfjähriger Tätigkeit als Leiter der Polizei-Gruppe Ost übernahm Otto Grot zum 1. März 1952 erneut die Leitung des Außendienstamtes: das war ein Jahr großer Veränderungen in der Hamburger Polizei. In diesem Jahr entstand eine Polizeibehörde[165], an deren Spitze der einstige Chef der Ordnungspolizei aus den Jahren 1924 bis 1933, Senator Lothar Danner[166], stand. Erster Hamburger Polizeipräsident nach Kriegsende wurde der bisherige Polizeichef Bruno Georges. Nach dessen Ernennung war Otto Grot als Leiter des Außendienstamtes höchster Polizeivollzugsbeamter Hamburgs. Das Außendienstamt wurde zum 15. September 1952 in ein „Kommando der Schutzpolizei" umgewandelt, an dessen Spitze Otto Grot, seit April 1953 Leitender Polizeidirektor, in der Funktion des „Kommandeurs der Schutzpolizei" stand. Dem Kommando waren etwa ein Dutzend Abteilungen zugeordnet. Die Schutzpolizei hatte 1954 eine Personalstärke von etwa 4200 Beamten.[167]

So war Otto Grot für ein umfassendes und komplexes Aufgabenfeld verantwortlich, das sich im Laufe der nächsten Jahre kontinuierlich veränderte. Zunehmende Modernisierung ermöglichte Rationalisierungen wie die Verringerung der Anzahl der Wachen von 75 auf 58; gleichzeitig wuchsen die Anforderungen an die Polizei zum Beispiel durch den zunehmenden Autoverkehr.

Eine Bereitschaftspolizei, die Polizei-Abteilung Hamburg (mot.), befand sich seit 1951

165 Die „Polizeibehörde" entstand 1952 durch den Zusammenschluss der „Polizei Hamburg" und der bis dahin selbständig geführten Wasserschutzpolizei (Boldt, Anm. 1, S. 255, Steinborn/Schanzenbach, Anm. 9, S. 101)
166 Hamburgische Biografie, Bd. II, S. 96–97
167 StAH 2/23 Nr. 27 Statistiken über die Tätigkeit der Schutzpolizei 1946–1965

im Aufbau; zu den schwierigen Fragen gehörten deren Bewaffnung und Personalstärke sowie deren Einsätze in anderen Bundesländern.

Otto Grot war es wichtig, dass die Beamten sorgfältig ausgebildet und geschult sowie gut bezahlt wurden, ihnen eine „echte Laufbahn" offen stand. Dazu gehörte auch, seinen Erfahrungen aus der Zeit des Nationalsozialismus entsprechend, eine der Demokratie und Republik verpflichtete Polizei zu schaffen: „Ich wünsche mir eine Schutzmannschaft, die den Wert dieser freiheitlichen Rechte für sich in vollem Umfang erkennt, würdigt und entschlossen ist, sich die Grundrechte nie wieder nehmen zu lassen."[168]

Wenn er es für notwendig erachtete, konnte Otto Grot auch seinem Dienstherrn widersprechen. So hatte zu Beginn der 1960er-Jahre die Innenministerkonferenz einstimmig beschlossen, der Polizei in einem militärischen Konfliktfall den Kombattantenstatus zu verleihen, sie in einer Kriegssituation der Bundeswehr zuzuordnen und sie konsequenterweise vorher in militärische Übungen einzubeziehen. Innensenator Helmut Schmidt versuchte, diese Entscheidung für Hamburg umzusetzen. Ihm widersprach Otto Grot. So heißt es im „Spiegel" vom 27. März 1963:„Senator Schmidt sah sich einer geschlossenen blauen Front gegenüber. Selbst seine uniformierten Parteifreunde wandten sich gegen ihn: Die `Arbeitsgemeinschaft sozialdemokratischer Polizeibeamten´ mißbilligte das Vorhaben, der Polizei den Status einer kämpfenden Truppe zu verleihen. Der Kommandeur der Hamburger Schutzpolizei, Otto Grot, konstatierte vor der Arbeitsgemeinschaft: `Die Polizei lehnt es ab, je wieder in eine Lage zu geraten wie in den Jahren von 1933 bis 1945.´"[169]

Zu den schwersten Einsätzen Otto Grots als Kommandeur der Hamburger Schutzpolizei gehörte die Flutkatastrophe im Februar 1962 mit 315 Toten. Die Stadt war darauf nicht vorbereitet. In der Katastrophennacht vom 16. auf den 17. Februar 1962 wurden auf Initiative und in Verantwortung von Otto Grot seitens der Polizeieinsatzzentrale umfassende Hilfsmaßnahmen eingeleitet bis dahin, dass er zur Organisation der Rettungsmaßnahmen Bundeswehreinheiten anforderte – auch die Bundeswehrhubschrauber, die am Morgen des 17. Februar eintrafen. Er stellte einen provisorischen Katastrophenstab zusammen und versuchte, allerdings mit mäßigem Erfolg, politisch Verantwortliche zu erreichen.[170]

Innensenator Helmut Schmidt traf am 17. Februar morgens im Polizeipräsidium am Karl-Muck-Platz ein und übernahm die Leitung der weiteren Rettungsmaßnahmen. Der später in den Medien erhobene Vorwurf, die Polizei sei in der Katastrophennacht nicht angemessen mit der Situation umgegangen und habe einen Anruf des Senators versäumt, wirkte auf Otto Grot verletzend. Er sah sich veranlasst, sich und die Polizei in Schutz zu nehmen. Er habe doch die Bundeswehr und die Hubschrauber angefordert, er habe den Senator nicht erreicht, er habe vielfach in den 1950er-Jahren die Erarbeitung von Katastrophenplänen und entsprechende Übungen eingefordert und sei nicht gehört worden, heißt es in einem persönlichen Brief Otto Grots an Bundeskanzler Schmidt vom 21. Februar 1982 und ähnlich in einem Leserbrief an die Hamburger Morgenpost vom 26. Januar 1982.[171]

168 Otto Grot 1960 in einem Grußwort in der Festschrift Gewerkschaft der Polizei. 10 Jahre Landesbezirk Hamburg 1950–1960, Hamburg o.J. (1960), S. 157

169 Weitere Presseartikel im Nachlass von Otto Grot (StAH 622-2/23 Nr. 13).

170 Im Nachlass von Otto Grot befinden sich zahlreiche Unterlagen zur Flutkatastrophe, darunter ein „Katastrophentagebuch des Einsatzstabes/S am 16. und 17.2.1962" (StAH 622-2/23, Nr. 53 UA 4)

171 StAH 622-2/23, Nr. 53 UA 7 und Nr. 103; in seiner im Internet veröffentlichten Arbeit über das Krisenmanagement während der Flutkatastrophe hat Peter Rose nicht die Unterlagen Otto Grots berücksichtigt („Erwarte Vollzugsmeldung" Das Krisenmanagement Helmut Schmidts während der Sturmflut 1962 in der Selbst- und Fremdwahrnehmung. (http://sauseschritt.net/wp-content/uploads/2012/07/HA_Peter_Rose_Erwarte_Vollzugsmeldung.pdf) (28.10.2012)

Otto Grot war für seine Mitarbeiter „wirklich kein bequemer `Chef´, keiner der nur `Ja´ und `Amen´ sagte", resümiert die Gewerkschaft der Polizei anlässlich seiner Pensionierung 1965, „sondern er war immer bemüht, sich bis ins Detail zu informieren und alle denkbaren Konsequenzen sorgsam abzuwägen."[172] Otto Grot galt gegen sich selbst hart und diszipliniert, der die Polizei straff führte.[173]
Otto Grot nutzte die Zeit nach seiner Pensionierung für zahlreiche Auslandsreisen. Bis zu seinem Lebensende hielt er engen Kontakt zu seinen Kameraden der Schufo 11. Ihm war die Erinnerung an die Geschehnisse 1933–1945 sehr wichtig. In einem Brief an einen pensionierten Kollegen bemerkte er 1983 hinsichtlich der NS-Vergangenheit eines weiteren Kollegen, dass „nach dem Zusammenbruch zu viel geschwiegen und verschwiegen worden ist."[174] Er verfasste Berichte über den Widerstand seiner Reichsbanner-Gruppe und die Verfolgung im Nationalsozialismus. Für eine Ausstellung über das Konzentrationslager Fuhlsbüttel stellte er 1982/83 sein persönliches Material zur Verfügung und setzte sich zugleich für den Erhalt des historischen Gefängnis-Torhauses Suhrenkamp 98 und dessen Nutzung als Gedenkstätte ein.
Otto Grot starb am 10. September 1987 in Hamburg. 1995 wurde in Hamburg-Allermöhe eine Straße nach ihm benannt. Ein Saal in der Landespolizeischule Hamburg, ab 2013 das Hamburger Polizeimuseum, trägt seit 2000 den Namen Otto Grot.

Jonni Schacht 1946

Jonni Schacht (*1904) wuchs in Hamburg-Finkenwerder auf. Sein Vater, der Schiffsführer Hinrich Schacht, gehörte seit 1901 der SPD an und wechselte 1924 zu den Kommunisten. Jonni Schacht besuchte acht Jahre die Volksschule und anschließend ein Jahr die Handelsschule. 1932 wurde er Gemeindesekretär der Hamburger Landgemeinde Farmsen-Berne.
Mit 14 Jahren trat Jonni Schacht am 1. Februar 1919 dem Arbeiterjugendbund Hamburg bei, später der SPD. 1931 übernahm er den Distriktsvorsitz in Farmsen-Berne. Er war Mitglied des Reichsbanners und Leiter der „Eisernen Front" im örtlichen Wahlkreis.
Nach der Machtübernahme der Nationalsozialisten wurde Jonni Schacht mehrmals verhaftet.[175] Er war jahrelang arbeitslos, arbeitete in einer illegalen Gruppe seines Distrikts. Die Verurteilung wegen Vorbereitung zum Hochverrat brachte Jonni Schacht 3 Jahre Zuchthaus ein. Die Nationalsozialisten veranlassten seinen Ausschluss aus der Baugenossenschaft „Gartenstadt Hamburg eG", so dass Jonni Schacht sein Siedlungshaus räumen musste. Nach seiner Entlassung fand er ab 1940 eine Beschäftigung bei seinem Parteifreund Adolf Keilhack (vgl.Kap. 5). Erneut betätigte sich Jonni Schacht im Widerstand und unterhielt in Hamburg und Bremen Verbindungen zu Sozialdemokraten und Kommunisten. 1942 wurde er zum Bewährungsbataillon 999 eingezogen.
1946 aus der Kriegsgefangenschaft zurückgekehrt trat er umgehend wieder in die SPD ein. Noch in 1946 wurde Schacht in Hamburg-Rahlstedt Ortsamtsleiter. Das Amt übte er bis zum Eintritt in den Ruhestand im Jahre 1969 aus. Während zunächst der Wiederaufbau im Mittelpunkt stand, wurde ab Ende der 1950er Jahre in Rahlstedt

172 Deutsche Polizei, Zeitschrift der Gewerkschaft der Polizei, Heft 9, Sept. 1965, Kopie im StAH 622-2/23, Nr. 20
173 Polizeipräsident Dieter Heering in seiner Traueransprache anlässlich der Beisetzung Otto Grots 1987 (StAH 622-2/23, Nr. 20)
174 Schreiben Otto Grot vom 19.9.1983 an Karl-Martin Grün (StAH 622-2/23, Nr. 18)
175 Ausführlich zu Schacht: siehe Datenbank AvS

eine Reihe von Großwohnsiedlungen geplant und gebaut. Damit entwickelte sich Rahlstedt zum großstädtischen Wohnbezirk. Unter der Leitung von Jonni Schacht wurden die notwendigen Infrastrukturmaßnahmen für die Versorgung der Neubürger vorgenommen. Heute ist Rahlstedt der bevölkerungsreichste Stadtteil in Hamburg.
Jonni Schacht konnte auch in sein Berner Haus in der Lienaustraße 10 zurückkehren. Er engagierte sich wieder in der Baugenossenschaft und gehörte nach zwei Jahren im Aufsichtsrat von 1948 bis 1973 dem Vorstand der Hamburg Gartenstadt eG an. Jonni Schacht starb am 20. Oktober 1992. 1996 wurde in Rahlstedt der Jonni-Schacht-Weg nach dem früheren Ortsamtsleiter benannt.

Gustav Nülk (*1892) gehörte der SPD seit 1912 an und war als Arbeiter für die städtische Kaiverwaltung tätig. Er war gewerkschaftlich engagiert und gehörte dem Betriebsrat an. Im August 1933 erhielt er die Kündigung und blieb fast drei Jahre arbeitslos. Zusammen mit Rudolf Saalfeld (siehe Kap. 5) und Herbert Dau (*1911)[176] organisierte er die Widerstandsarbeit auf der Veddel. 1938 wurde er vom Hanseatischen Oberlandesgericht wegen der Verbreitung illegaler Schriften zu 18 Monaten Gefängnis verurteilt.[177] Auch Carl Lockenvitz (*1895), Arbeiter bei den Altonaer Gas- und Wasserwerken, wurde als SPD-Mitglied auf der Grundlage des „Gesetzes zur Wiederherstellung des Berufsbeamtentums" aus dem öffentlichen Dienst entfernt. Im Prozess gegen „Mehncke und Genossen" wurde er als „Führer eine Schufoabteilung" – Reichsbanner – ausgewiesen. Für seine Beteiligung an den Widerstandsaktivitäten der illegalen SPD wurde er zu 18 Monaten Gefängnis verurteilt. Nach dem Krieg engagierte er sich als Distriktsvorsitzender, als Mitglied des beratenden Ausschusses beim Ortsamt Altona und als Altonaer Bezirksabgeordneter.[178]

176 Vita Herbert Dau siehe Datenbank AvS
177 Wiedergutmachungsakte Gustav Nülk, StAH 351-11
178 Wiedergutmachungsakte Carl Lockenvitz, StAH 351-11

9. Gewerkschafter

Schmerzlich war für die Sozialdemokraten der Anpassungskurs der Hamburger Leitung des Allgemeinen Deutschen Gewerkschaftsbundes (ADGB), die der Linie der Gewerkschaftsführung in Berlin folgte. In der zweiten Aprilhälfte des Jahres 1933 führten Gewerkschaftsvertreter um den ADGB-Landesvorsitzenden und SPD-Bürgerschaftsabgeordneten John Ehrenteit Gespräche mit den Nationalsozialisten. Ende Mai traten schließlich mit John Ehrenteit, Hugo Schotte, Wilhelm Petersen und Georg Amlung vier Gewerkschaftsvertreter aus der SPD-Fraktion aus. Ihnen folgte am 8. Juni Alfred Ehlers. Da sie keine Fraktionsstärke erreichten, gingen sie ein Hospitantenverhältnis mit der NSDAP ein.[179]
Andere Gewerkschaftsfunktionäre wie Heinrich Steinfeldt und August Hein vollzogen den Bruch nicht. Peter Hass[180] hingegen erklärte am 21. Juni seinen Austritt aus der Fraktion „infolge der innerorganisatorischen und politischen Vorgänge innerhalb der SPD". Er kam damit allerdings nur noch dem unmittelbar bevorstehenden Parteiverbot zuvor und verlor wie alle anderen Gewerkschaftsvertreter am 7. Juli 1933 sein Bürgerschaftsmandat. Peter Hass beteiligte sich später aktiv an der Widerstandsarbeit der illegalen SPD und entzog sich seiner Verhaftung durch seine Flucht nach Dänemark und später nach Schweden. Die verhafteten Sozialdemokraten, die mit ihm zusammen im Widerstand gearbeitet hatten, belasteten Hass, da dieser sich im sicheren Exil befand. Damit wurde Peter Hass in den Augen der Gestapo zu einer zentralen Figur des Widerstands, was zur Folge hatte, dass er in Abwesenheit zum Tode verurteilt wurde. Hass kam nach 1946 nach Deutschland zurück, lebte ab 1948 aber wieder in Schweden.

Adolph Kummernuss (*1895) stammte aus einer Familie mit zwölf Kindern. Der Vater, ein Schmied, arbeitete auf Hamburger Werften und gründete 1885 in der Hansestadt den „Zentralverband aller in der Schmiederei beschäftigten Personen".
Nach dem Besuch der Volksschule arbeitete Adolph Kummernuss im Hafen als Schauermann. Noch im gleichen Jahr wurde er Mitglied der Sozialistischen Arbeiterjugend (SAJ). Drei Jahre später trat er in den Deutschen Transportarbeiter Verband und in die SPD ein. 1924 wurde er Mitglied des Reichsbanners.
Im Ersten Weltkrieg schwer verwundet kehrte er zurück nach Hamburg und arbeitete ab 1920 wieder im Hafen. Mit der Wahl in den Betriebsrat begann seine Karriere in der Gewerkschaft. Von 1925 bis 1933 gehörte er dem Bezirksvorstand der Hamburger Hafenarbeitergewerkschaft an. Vom 1. Oktober 1926 bis zum 30. Juni 1927 konnte er sich an der Akademie der Arbeit in Frankfurt am Main fortbilden. Zuletzt arbeitete er als Abteilungsleiter beim Gesamtverband der Arbeitnehmer der öffentlichen Betriebe des Personen- und Warenverkehrs. Wie viele andere wurde auch er 1933 entlassen.

Kummernuss war zum Widerstand gegen den Nationalsozialismus entschlossen.[181]
Im Mai 1933 fuhr er nach Amsterdam, um mit dem Vorsitzenden der Internationalen Transportarbeiter Föderation (ITF) Absprachen über den Aufbau einer illegalen Organisation zu treffen. Wiederholt reiste er in die Niederlande. Seine illegale Gewerk-

179 Martens (wie Anm. 145), S.11f
180 Siehe http://de.wikipedia.org/wiki/Peter_Hass abgerufen 15.12.2012
181 Ausführlich zu den Aktivitäten von Kummernuss im Widerstand: siehe Datenbank AvS

Okt. 1979

»Lang uns doch mal so'n Streik her«

Adolf Kummernuss starb vor zwei Monaten, 84 Jahre alt, in Travemünde. Der ÖTV-Vorsitzende (1949–64) hat maßgeblich am Wiederaufbau der Gewerkschaftsbewegung nach dem 2. Weltkrieg mitgewirkt. Kaum bekannt hingegen ist seine Mitarbeit an dem Spielfilm »Brüder« von Werner Hochbaum (1929). In einem Fernsehinterview 1976 wurde Adolf Kummernuss, der von 1927 bis 1933 beim Deutschen Verkehrsbund in Hamburg arbeitete, danach befragt:

Wie kam der Deutsche Verkehrsbund zu diesem Film?

Ja, wie kam er auf die Idee? Anlaß war eine Vorstandssitzung, wo ein Hafenarbeiter einen Antrag gestellt hatte auf Sonderunterstützung, weil in seiner Familie besondere Fälle vorlagen: Frau krank, Kinder krank – eine ganze Menge war da. Und ich war da als der jüngste Angestellte. Ich hab also das ganze Drama von dem Mann gehört, was der erzählt hat, und wie wir mit unserer Sitzung fertig gewesen sind, da hab ich dem Vorstand den Vorschlag gemacht,ob es nicht überlegenswert wäre, einmal einen Film über das Hafenarbeitermilieu zu machen.

Adolf Kummernuss, Interview Okt. 1979

schaftsarbeit erstreckte sich nach Kummernuss' eigenen Angaben von Hamburg bis zur dänischen Grenze und von Mecklenburg bis Berlin. Kummernuss nahm am 30. April 1935 an einer Geheimkonferenz im dänischen Roskilde teil, zu der 31 im Widerstand aktive Vertreter der Transportarbeitergewerkschaft aus ganz Deutschland anreisten. Mit dem fast vollständig vertretenen Exekutivkomitee der ITF wurden die Leitsätze für die illegale Arbeit verabschiedet.

Nachdem die Gestapo über den Berliner SPD-Widerstand durch Zufall auf die ITF-Gruppen gestoßen war, wurde Kummernuss am 18. Juni 1935 in Hamburg verhaftet und bis zum Juli 1936 im KZ Fuhlsbüttel gefangen gehalten. Es folgte Untersuchungshaft in Hamburg, Berlin und Stettin und im September 1936 verurteilte ihn das Landgericht Stettin zu zwei Jahren Gefängnis. In der Haft wurde Kummernuss schwer misshandelt. Nach seiner Freilassung stand er unter ständiger Kontrolle durch die Gestapo in Hamburg. Zwischen 1937 und August 1944 wurde Kummernuss wiederholt verhaftet.

Unmittelbar nach dem Kriegsende engagierte sich Adolph Kummernuss beim Aufbau des Gesamtverbandes der Verkehrs- und Gemeindearbeiter. Er wurde erster Vorsitzender und hauptamtlich Angestellter des Verbandes. Als sich 1947 der Ortsausschuss Groß-Hamburg des Deutschen Gewerkschaftsbundes konstituierte, übernahm Kummernuss den Vorsitz. Als Gewerkschaftsvertreter wurde Kummernuss im Februar 1946 von der britischen Militärregierung in die ernannte Hamburgische Bürgerschaft entsandt.
Bei der ersten Wahl im Oktober 1946 kandidierte er erfolgreich für die SPD. Kummernuss wurde stellvertretender Fraktionsvorsitzender und gehörte dem Ausschuss für öffentliche Betriebe, dem Verkehrsausschuss sowie dem Verfassungsausschuss an. Er blieb Mitglied der Bürgerschaft bis zu seinem berufsbedingten Umzug 1949 nach Stuttgart. Er war und blieb ein streitlustiger Demokrat, kämpfte gegen die Demontagen der Alliierten und gegen Wiederbewaffnung und Notstandsgesetze.
In den ersten Nachkriegsjahren zählte Kummernuss zu den wichtigsten Persönlichkeiten im gewerkschaftlichen Konzentrationsprozess. In der 1949 gegründeten Gewerkschaft öffentliche Dienste, Transport und Verkehr (ÖTV) führte er bis 1964 den Bundesvorsitz. Kummernuss übte in der nationalen und internationalen Gewerkschaftsbewegung zahlreiche Ämter aus. 1956 wurde er zum Präsidenten der Internationalen Föderation der Gewerkschaften des Personals öffentlicher Dienste (IÖD) gewählt.
1960 verlieh der ITF Kummernuss in Anerkennung seiner Verdienste die Ehrennadel der Föderation. Am 30. Januar 1963 verlieh ihm die Internationale d'Union de la Résistance et la Déportation das Diplôme d'Honneur de la Résistance, das ihm später in der Paulskirche überreicht wurde. Adolph Kummernuss starb am 7. August 1979 in Travemünde.

Heinrich Davidsen (*1891) besuchte die Volksschule und fuhr ab 1906 zur See. Seinen Militärdienst leistete Heinrich Davidsen von 1911 bis 1913 bei der Kriegsmarine ab. Während des Ersten Weltkrieges besuchte er die Navigationsschule in Flensburg und erwarb 1916 das Kapitänspatent. Anschließend war er bis Kriegsende Kommandant eines Minensuchbootes.
Davidsen wurde 1912 Mitglied der SPD und gehörte nach der Revolution von 1918 bis 1920 dem Flensburger Arbeiter- und Soldatenrat an. Ehrenamtlich übernahm er in seiner Heimatstadt 1919 die Leitung der Sektion der Hafenarbeiter des Deutschen Transportarbeiter-Verbands.[182] Ab 1928 leitete er in Hamburg die Reichsfachgruppe Seeschifffahrt seines Verbandes, der sich inzwischen Gesamtverband der öffentlichen Betriebe des Personen- und Warenverkehrs nannte. Ende 1932 wurde Davidsen vorübergehend in der Berliner Gewerkschaftszentrale beschäftigt, er kehrte aber Anfang 1933 nach Hamburg zurück.
Nach der Machtübernahme der Nationalsozialisten wurde Davidsen als Gewerkschaftssekretär entlassen und blieb arbeitslos. Er begann mit der illegalen Gewerk-

182 Ausführlich zu Davidsen: siehe Datenbank AvS

Bürgerschaftsausweis Heinrich Davidsen

schafts- und SPD-Arbeit. Am 21. März 1934 wurde Davidsen verhaftet, weil er ein Paket des verbotenen „Neuen Vorwärts" angenommen hatte. Am 24. November 1934 zu zwei Jahren Gefängnis verurteilt, wurde er 1936 freigelassen. Als Angestellter bei einer Schiffsmaklerfirma beaufsichtigte er ab 1942 Entladearbeiten im Hamburger Hafen. Während dieser Zeit setzte er seine illegale Arbeit unter den Hafenarbeitern fort. Als ihm nach dem Attentat auf Hitler eine erneute Verhaftung drohte, tauchte er unter.

Nach dem Ende der NS-Diktatur beteiligte sich Davidsen am demokratischen Aufbau. Er übernahm in Hamburg die Geschäftsführung im Gesamtverband der Verkehrs- und Gemeindearbeiter und wurde Bezirksleiter des Verbands für den Bezirk Nordwest, der die Region Schleswig-Holstein umfasste. In der Gewerkschaft Öffentliche Dienste, Transport und Verkehr (ÖTV) übernahm er die Bezirksleitung. Davidsen nahm erneut nationale und internationale Aufgaben wahr. Insbesondere bemühte er sich um die Säuberung der deutschen Seeschifffahrt von nationalsozialistischen Einflüssen. Am 16. Mai 1949 wurde Davidsen zum Vorsitzenden des DGB-Bezirks Hamburg gewählt und trat damit die Nachfolge von Adolph Kummernuss an. Im gleichen Jahr kandidierte er erfolgreich für die Hamburgische Bürgerschaft, auch hier wurde er als stellvertretender Fraktionsvorsitzender Nachfolger von Kummernuss. Außerdem gehörte er dem Ausschuss für Hafen- und Schifffahrtsfragen an. Davidsen, der seit seiner Inhaftierung an einer fortschreitenden Herzerkrankung litt, musste 1953 sein Amt im DGB aufgeben, auch sein Bürgerschaftsmandat legte er nieder. Er starb am 1. Juli 1963.

Heinrich Steinfeldt (*1892). Nach der Ausbildung als Zimmerer begab er sich auf Wanderschaft. In Basel wurde er Schriftführer des dortigen Zimmererverbandes. Zurück in Hamburg engagierte er sich in der Sozialistischen Arbeiterjugend (SAJ) und der SPD, der er seit 1910 angehörte. Nach dem Ersten Weltkrieg, den er als Soldat erlebte, wurde Steinfeldt 1919 als jüngster Abgeordneter in die Hamburgische Bürgerschaft gewählt. Von 1919 bis 1921 und 1932/33 gehörte er dem SPD-Landesvorstand an. Von 1920 bis 1933 führte er den Verband der Zimmerer in Hamburg als Vorsitzender. Ab 1921 war er als Gewerkschaftssekretär beim Zentralverband der Zimmerer und verwandter Berufsgenossen Deutschlands angestellt, zuletzt als Vorsitzender der Zahlstelle. Steinfeldt gehörte bis 1933 ununterbrochen der Bürgerschaft an. Von 1930 bis 1933 leitete er den Gau Hamburg-Bremen-Nordhannover des Reichsbanners. Bereits am 8. März 1933 wurde Steinfeldt vorübergehend verhaftet. Nachdem die Nationalsozialisten die Gewerkschaften übernommen hatten, wurde ihm am 5. Mai 1933 fristlos gekündigt. Noch am 12. Juni 1933 rückte er für den unter ungeklärten Umständen verunglückten Adolf Biedermann in den Deutschen Reichstag nach. Steinfeldt war bis Oktober 1934 arbeitslos, dann fand er eine Beschäftigung in einem Zimmereibetrieb. Bis Mitte 1935 stand er unter Polizeiaufsicht.

Vittinghoff, Brauer, Steinfeldt, Ollenhauer

Im Januar 1944 wurde Steinfeldt zur Wehrmacht eingezogen, aber noch vor Kriegsende wieder aus der Armee entlassen. Nach der Kapitulation nahm er seine gewerkschaftliche und politische Arbeit wieder auf. Von 1946 bis zu seinem Tod war er Mitglied der Bürgerschaft. In den Jahren 1950 bis 1953 führte er die SPD-Fraktion als Vorsitzender. Maßgeblich war er am Aufbau der Gewerkschaften beteiligt. In ihrem Dachverband wählten die Gewerkschaften ihn 1946 zum Bezirksvorsitzenden des Bezirks Nordmark. Nach der Gründung des Deutschen Gewerkschaftsbundes (DGB) führte Heinrich Steinfeldt bis zu seinem Tod am 15. November 1955 den Landesbezirk Nordmark des DGB.

In der Funktion als Parlamentarier wurde er von 1945 bis 1955 Mitglied des Beirats und später des Aufsichtsrats der Neuen Heimat, seit 1948 Vorstandsmitglied der Alten Volksfürsorge.[183]

In Hamburg-Billstedt wurde 1962 die Steinfeldtstraße nach ihm benannt.

183 *http://de.wikipedia.org/wiki/Heinrich_Steinfeldt, abgerufen 10.12.2012.*

Mitglied
der Hamburger Bürgerschaft
(Landtagsabgeordneter)

Herr

P a u l   B e b e r t

geboren am 3.1o.1893

HAMBURG, den 1.April 1951.

Präsident der Bürgerschaft

Der Präsident der Bürgerschaft

Eigenhändige Unterschrift (Vor- und Zuname)

Bürgerschaftsausweis Paul Bebert

Paul Bebert (*1893) arbeitete nach dem Besuch der Volksschule zunächst als Hilfsarbeiter. Mit 18 Jahren trat er in die Gewerkschaft ein und wurde Mitglied der SPD. Von 1913 bis 1919 war er Soldat und nahm am Ersten Weltkrieg teil. 1924 fand er eine Beschäftigung als Gewerkschaftsangestellter, im April 1925 wechselte er zum Hauptvorstand des Deutschen Baugewerkbundes. Als die Gewerkschaft ihren Sitz 1929 von Hamburg nach Berlin verlegte, übersiedelte Bebert ebenfalls.
Nach der Besetzung der Gewerkschaftshäuser am 2. Mai 1933 gehörte Paul Bebert zu den ersten, die entlassen wurden. Der wirtschaftlichen Existenz beraubt, vermutlich aber auch, um der politischen Verfolgung zu entgehen, zog er wieder nach Hamburg. Das bewahrte ihn allerdings nicht vor der politischen Verfolgung. Nach Hinweisen aus Berlin wurde er von der Hamburger Gestapo verhaftet und von Juni bis August 1933 im Konzentrationslager Fuhlsbüttel gefangen gehalten.
Nach seiner Entlassung war er weiterhin arbeitslos, so dass er bis zu seiner erneuten Verhaftung Ende Mai 1935 kein Einkommen hatte. Bebert beteiligte sich am Widerstand und unterhielt u.a. Verbindung zu dem ISK-Aktivisten Hellmut Kalbitzer. Seine Verbindungen zu ehemaligen SPD- und SAJ-Mitgliedern in Eimsbüttel-Nord brachten ihm eine Anklage in dem Verfahren gegen „Ullrich und Genossen" ein. Das Hanseatische Oberlandesgericht sah in dem Austausch illegaler Schriften und den sich daraus ergebenden Kontakten unter den Beteiligten Ansätze für den Wiederaufbau einer politischen Organisation und verurteilte Bebert wegen Vorbereitung zum Hochverrat am 7. November 1935 zu zwei Jahren Gefängnis. Seine Strafe verbüßte er bis zum 31. Mai 1937 im Konzentrationslager Papenburg-Esterwege. Im November 1937 fand er eine Beschäftigung als Baumeister bei der Firma Max Treudler. Im Mai 1944 wurde Paul Bebert zur Zwangsarbeit herangezogen und musste bis zum Kriegsende zusammen mit Kriegsgefangenen und rassisch Verfolgten nach den Luftangriffen besonders gefährliche Aufräumungsarbeiten durchführen.

Nach dem Zusammenbruch des NS-Regimes engagierte sich Paul Bebert im Mai 1945 in der zunächst von der Militärregierung genehmigten Sozialistischen Freien

Gewerkschaft (SFG) und gehörte später zu den Gründern der IG Bau-Steine-Erden in Hamburg, deren erster Vorsitzender er bis 1957 blieb. Als am 14. September 1945 Teile des von der Besatzungsmacht genutzten Gewerkschaftshauses an die Gewerkschafter übergeben werden, war es Paul Bebert, der symbolträchtig in Anwesenheit von Vertretern der Militärregierung und der Gewerkschaften das Emblem der Deutschen Arbeitsfront (DAF) über dem Eingang entfernte. Von Februar 1946 bis Oktober 1949 und von März 1951 bis November 1961 war er Mitglied der Hamburgischen Bürgerschaft. Er gehörte dem parlamentarischen Ausschuss für den Neuaufbau des Wohnungswesens und dem Justizausschuss an. Er engagierte sich für öffentliche Bauvorhaben und für den sozialen Wohnungsbau. 1949 setzte die Militärregierung ihn als Treuhänder bei dem Wohnungsunternehmen Neue Heimat ein, das als Gewerkschaftseigentum von den Nationalsozialisten enteignet worden war und Anfang der 1950er Jahre dem Deutschen Gewerkschaftsbund (DGB) zurückübertragen wurde. 1950 wechselte Bebert in den Aufsichtsrat der Neuen Heimat. Von 1955 bis 1961 fungierte er als Aufsichtsratsvorsitzender der Neue-Heimat-Gesellschaft AGEKA (Aktiengesellschaft für gemeinnützigen Kleinwohnungsbau). Eng verbunden war er auch dem genossenschaftlichen Wohnungsbau. Von 1956 bis 1961 war er Aufsichtsratsvorsitzender der Baugenossenschaft freier Gewerkschafter. Paul Bebert starb am 2. Mai 1976 in Hamburg.[184]

Max Jäger

Max Jäger (*1882) trat 1900 in die SPD ein und kam 1905 nach Hamburg. Hier fand er eine Beschäftigung als Schaffner. Er nahm als Soldat am Ersten Weltkrieg teil. Der gewerkschaftlich organisierte Max Jäger wurde nach der Revolution Betriebsratsvorsitzender bei der Hochbahn. 1924 wurde er in den Aufsichtsrat berufen. Von 1927 bis 1931 und von 1932 bis 1933 war Jäger Abgeordneter der Hamburgischen Bürgerschaft.
Nach der Machtübernahme der Nationalsozialisten wurde Jäger als Sozialdemokrat entlassen und war zunächst arbeitslos, bis er sich im Dezember 1933 als Gastwirt selbstständig machte. Seine Gaststätte in der Wendenstraße war ein beliebter Treffpunkt für Oppositionelle. Der Ortsausschuss Hamburg des Deutschen Gewerkschaftsbundes berichtete darüber nach 1945: „Wieviel ‚Hochverrat' hat allein unser Freund Max Jäger auf sich geladen. Seine Kneipe in der Wendenstraße wäre ein wahres Eldorado für die Gestapo gewesen. Hier hätte sie fast laufend ‚Hochverräter' ausnehmen können." Max Jäger stand nach eigenen Angaben unter ständiger Aufsicht der Gestapo.

Nach dem Ende des Krieges kehrte Max Jäger zusammen mit dem früheren Vorstandsvorsitzenden der Hamburger Hochbahn, Dr. Wilhelm Stein, und Vorstandsmitglied Dr. Wilhelm Mattersdorf, der wegen seiner jüdischen Herkunft verfolgt worden war, zurück an die Spitze der Hochbahn. Jäger übernahm wieder das Amt des Betriebsratsvorsitzenden und war zugleich als Personalreferent Mitglied des Vorstands der Hamburger Hochbahn. Jäger gehörte als Gewerkschaftsvertreter der Ernannten Bürgerschaft von Februar bis Oktober 1946 an. In dieser Zeit wirkte er im Haushaltausschuss mit.
Ende Mai 1947 wurde Max Jäger von der britischen Militärregierung als Leiter der Straßen- und Kleinbahn-Berufsgenossenschaft eingesetzt. Jäger trat damit die

184 *Wiedergutmachungsakte Paul Bebert, StAH 351-11; Hamburgische Biografie, Bd. I, S. 38-39*

Nachfolge von Friedrich Stanik an, der 1933 Vorstandsvorsitzender der Hochbahn geworden war und als Staatsrat, Gauinspektor und Stellvertreter des Gauleiters zu den führenden NSDAP-Funktionären in Hamburg zählte. Stanik hatte nicht nur die Unternehmenskultur der Hochbahn mit der nationalsozialistischen Ideologie infiltriert, sondern auch die Verwaltungsarbeit und die innere Organisation der Berufsgenossenschaft an ihr ausgerichtet. Max Jäger bemühte sich, die als NSDAP-Mitglieder entlassenen Mitarbeiter dauerhaft von der Berufsgenossenschaft fernzuhalten. Einem ehemaligen NSDAP-Parteiaktivisten, der um eine Wiedereinstellung nachsuchte, ließ er nach der Befragung der Beschäftigten mitteilen: „Nach übereinstimmendem Urteil dieser Angestellten waren Sie der tätigste Nationalsozialist der ganzen Verwaltung, haben intensivste Propaganda für die N.S.D.A.P. getrieben und Ihre Kollegen unter politischen Druck gesetzt, wo Sie nur konnten. Keiner dieser Angestellten würde Verständnis dafür aufbringen, wenn Ihr altes Dienstverhältnis zur Verwaltung jetzt wieder hergestellt werden würde."
Als die Verwaltung die Wiedereinstellung von Mitarbeitern befürwortete, die zwar der NSDAP angehört hatten, im Rahmen der Entnazifizierung aber als unbelastet eingestuft worden waren, lehnte Max Jäger ab und schrieb an den Betriebsratsvorsitzenden: „Persönlich möchte ich Ihnen noch sagen, dass ich es geradezu als eine Störung des Arbeitsfriedens betrachte, wenn ein Betriebsrat sich in der vorliegenden Form für einen alten Nazi einsetzt und glaubt, darüber hinaus der Geschäftsführung irgendwelche Vorwürfe [...] machen [zu können]. Es ist nicht Aufgabe des Betriebsrats, mir vorzuschreiben, in welcher Form ich die Gesuche um Wiedereinstellung usw. zu beantworten gedenke."
In dem konkreten Fall wurde eine Klage auf Wiedereinstellung vor dem Arbeitsgericht Lübeck gegen die Berufsgenossenschaft 1949 abgewiesen. Zwei Jahre später musste Jäger dem Wiedereinstellungsgesuch derselben Person schließlich doch stattgeben. Das Entnazifizierungsschlussgesetz, das in Verbindung mit Artikel 131 des Grundgesetzes allen, die nicht in die Kategorie I – Hauptschuldige und II – Schuldige – fielen, die Rückkehr in den öffentlichen Dienst sicherte, war am 1. Juli 1951 in Kraft getreten.
Jäger schied zum 31. März 1953 bei der Hochbahn aus. Im Mai 1953 beendete er seine Tätigkeit als Leiter der Berufsgenossenschaft. Max Jäger starb am 8. Februar 1959.[185]

185 Holger Martens, Andrea Brinckmann: 125 Jahre BG Bahnen, Reutlingen 2009. S.117ff u.149ff; Bericht des Deutschen Gewerkschaftsbundes, Ortsausschuss Hamburg, über Wiederaufbau und Tätigkeit der Hamburger Gewerkschaften im Jahre 1945-1947, Hamburg o.J. [1947], S. 11; Personalakte Max Jäger, StAH 311-8 Sign. 63; Entnazifizierungsakte Max Jäger, StAH 221-11 Sign. Tn 262

10. Einfache Parteimitglieder

Bei der großen Mehrheit der Widerstandsaktivisten handelte es um einfache Parteimitglieder, die aktiv am Parteileben teilnahmen, auf der unteren Ebene Funktionen übernommen hatten und in den verschiedenen Organisationen des SPD-Umfelds von der Kinderfreunde-Bewegung bis zum Reichsbanner und von der Arbeiterwohlfahrt bis zu den Gewerkschaften aktiv waren. Sie kamen aus Arbeiterfamilien, womit ihr Bildungsweg zum Volksschulabschluss und einer anschließenden Berufsausbildung vorgezeichnet war. Eine höhere Schulbildung blieb auch bei guten Noten angesichts der finanziellen Belastung durch das Schulgeld nur selten erreichbar. Der berufliche Aufstieg war nur möglich über die Ausbildung und eine spätere Weiterqualifizierung etwa zum Meister. Gesellschaftspolitisch interessierte Facharbeiter waren zumeist gesuchte Kräfte, die auch am Arbeitsplatz bereit waren, Verantwortung zu übernehmen.

Georg Ehrlich

Georg Ehrlich (*1904) erlernte den Beruf des Buchbinders. 1923 trat er in die SPD und die Gewerkschaft ein. Von 1927 bis 1933 war er als Helfer in der Kinderfreunde-Bewegung tätig. 1932 besuchte er sechs Monate die Heimvolkshochschule in Harrisleefeld bei Flensburg.
Nach der Machtübernahme durch die Nationalsozialisten baute Ehrlich mit Helmut Bossemeyer, Christian Braasch und anderen in Altona eine illegale SPD-Gruppe auf. Insbesondere durch die Verteilung von Schriften und das Sammeln von Geldern für Familien von Inhaftierten sollte eine Organisationsstruktur am Leben erhalten werden. Ehrlich hatte Kontakt zu den führenden Widerstandskreisen um Walter Schmedemann in Hamburg und Fritz Kessler (Koordinator des Widerstands in Altona). Nachdem die illegale Parteiorganisation in Hamburg aufgedeckt worden war, wurden im November 1934 etwa 60 Sozialdemokraten in Altona verhaftet, darunter Georg Ehrlich. Vom III. Strafsenat des Kammergerichts Berlin wurde Ehrlich am 26. November 1935 wegen Vorbereitung zum Hochverrat zu zwei Jahren und drei Monaten Zuchthaus, ein Jahr Polizeiaufsicht und Aberkennung der Ehrenrechte auf drei Jahre verurteilt. Seine Strafe verbüßte er im Zuchthaus Rendsburg. Hier wurde er am 26. Februar 1937 entlassen. Seine Familie erhielt während dieser Zeit Unterstützung aus sozialdemokratischen Kreisen.
Nach 1945 beteiligte sich Georg Ehrlich am demokratischen Aufbau. Er übernahm 1945 den SPD-Distriktsvorsitz in Ottensen und wurde 1949 in die Hamburgische Bürgerschaft gewählt, der er bis 1974 angehörte. Er engagierte sich im Haushaltsausschuss, im Eingabenausschuss und im Gesundheitsausschuss. Beschäftigt war er als Verwaltungsangestellter in der Sozialbehörde. Georg Ehrlich starb am 4. Mai 1994.
Erst 2012 wurde der Verbleib der 90 Bücher festgestellt, die die Nationalsozialisten bei Georg Ehrlich beschlagnahmt hatten. Nachforschungen über NS-Raubgut ergaben, dass die Bücher 1940 von der Gestapo an die Universitätsbibliothek verschenkt wurden.[186]

186 Ausführlich zu Ehrlich: Datenbank AvS; Mitteilung von Volker Cirsovius-Ratzlaff, Staats- und Universitätsbibliothek Carl von Ossietzky , Hamburg, 4.9.2012

Albert Blankenfeld (*1900) erlernte von 1915 bis 1918 das Dreherhandwerk bei den Trintonwerken in Hamburg. Bereits als Jugendlicher trat er der Sozialistischen Arbeiterjugend (SAJ) bei. Nach dem Ersten Weltkrieg engagierte sich er im Metallarbeiterverband sowie in der SPD und ihren Organisationen. Bei den Jungsozialisten arbeitete er mit Theodor Haubach zusammen, der seit 1924 in Hamburg tätig war. 1923 trat er der Vereinigung Republik bei und im darauf folgenden Jahr unterstützte er den Aufbau des Reichsbanners Schwarz-Rot-Gold. So gründete er zusammen mit Haubach in der Schule Schleidenplatz (heute Biedermannplatz) die Sportriege 10, aus der später die Schufo (Schutzformation) 10 hervorging.
Ab 1928 wohnte Albert Blankenfeld in Barmbek-Nord und betätigte sich im örtlichen SPD-Distrikt. Während der Weltwirtschaftskrise verlor er seinen Arbeitsplatz und war bis 1934 arbeitslos. Im Mai 1935 konnte er eine Beschäftigung als Dreher bei Blohm & Voss aufnehmen.
Albert Blankenfeld beteiligte sich an der illegalen Arbeit der Barmbeker Sozialdemokraten. Nach seiner Verhaftung am 16. November 1936 wurde er zusammen mit 14 weiteren Parteigenossen in dem Prozess gegen „Hansen und Genossen", darunter Heinrich Hansen[187], Franz Berg, Otto Oetinger und Wilhelm Haase wegen Vorbereitung zum Hochverrat angeklagt. Den Angeklagten wurde vorgeworfen, in der Zeit von Mai 1933 bis Mai 1935 den Aufbau der illegalen SPD in Barmbek betrieben, illegale Schriften verbreitet, Beiträge für die Parteifinanzierung kassiert und Kontakt zu SPD-Funktionären im Ausland gepflegt zu haben. Als einer der Hauptangeklagten wurde Albert Blankenfeld Anfang Mai 1937 vom Hanseatischen Oberlandesgericht zu drei Jahren Zuchthaus verurteilt. Er verbüßte seine Haftzeit im Zuchthaus Fuhlsbüttel.
Nach der Verhaftung geriet die Ehefrau mit den drei minderjährigen Kindern in große Not. Das NS-Regime gewährte den Angehörigen von politisch

KZ-Gedenkstätte Neuengamme; Blankenfeld

187 *Heinrich Hansen (*1895) war der Koordinator des Widerstands in Barmbek-Nord, ehemaliger Distriktführer, 1936-1940 im KZ Fuhlsbüttel wegen Hochverrat, Gewerkschaftsangestellter*

Verfolgten keine ausreichende Unterstützung, so dass Hermine Blankenfeld die Wohnung aufgeben musste und etwa ein Jahr mit den Kindern in einer notdürftig hergerichteten Schreberlaube leben musste. Die Kinder leisteten durch das Austragen von Zeitungen einen Beitrag zum Lebensunterhalt. Nachdem Albert Blankenfeld am 19. November 1939 aus der Haft entlassen worden war, fand er eine Anstellung bei der Firma Nielsson & Korte als Dreher.

In Eppendorf, wohin er 1943 nach der Ausbombung verzogen war, beteiligte sich Blankenfeld unmittelbar nach der Kapitulation am Aufbau der SPD. 1946/47 fungierte er als Vorsitzender des Kreises II mit den Distrikten Eppendorf, Winterhude-Nord und –Süd. In dieser Funktion gehörte er auch dem SPD-Landesvorstand an.
Von 1948 bis zum Eintritt in den Ruhestand war Albert Blankenfeld als Verwaltungsinspektor beim Arbeitsamt Hamburg beschäftigt. Ebenfalls 1948 wurde er in Hamburg Vorsitzender der neu gegründeten Arbeitsgemeinschaft ehemals verfolgter Sozialdemokraten (AvS) und blieb es bis 1986. Albert Blankenfeld starb am 8. November 1993 in Hamburg.

Wilhelm Ropers (*1908) begann 1923 eine Lehre als Schmied, die er 1927 abschloss. Im gleichen Jahr trat er in die SPD ein. Außerdem gehörte er dem Metallarbeiter-Verband und dem Reichsbanner an. Ab 1930 arbeitete er als Buchhalter, nach der Machtübernahme durch die Nationalsozialisten als Zeitungsvertreter und Stundenbuchhalter. Nach dem Verbot der SPD gehörte er zum engeren Führungskreis des illegalen Landesvorstandes um Walter Schmedemann. Wilhelm Ropers wurde mit dem Aufbau eines Nachrichtendienstes beauftragt.[188] Er wurde am 20. Oktober 1934 verhaftet und schwer misshandelt. Verurteilt zu einer Zuchthausstrafe von einem Jahr und zehn Monaten reichte der Gestapo die Verurteilung offensichtlich nicht aus, denn Wilhelm Ropers, Walter Schmedemann und Helmut Weidt (* 1899) wurden nach der Verbüßung ihrer Strafen nicht freigelassen, sondern ins KZ Sachsenhausen überführt. Ropers wurde erst am 18. März 1938 entlassen.

Wilhelm Ropers

Wilhelm Ropers war gesundheitlich schwer angeschlagen und nach seiner Entlassung ein Jahr krank. Ab 1941 war Ropers bei der Firma Paul Wagner als Werkmeister tätig. Nach der NS-Diktatur wurde er Mitinhaber der Firma Ropers & Wagner. Eine verfolgungsbedingte Erwerbsminderung um 40 Prozent wurde anerkannt.
Wilhelm Ropers war als Vorsitzender des SPD Kreises V (Wohldorf-Ohlstedt, Duvenstedt, Bergstedt, Lemsahl-Mellingstedt und Volksdorf) Mitglied des SPD-Landesvorstandes. Von 1946 bis 1949 gehörte er der Hamburgischen Bürgerschaft an. Wenige Wochen nachdem er aus der Bürgerschaft ausgeschieden war, kam Wilhelm Ropers bei einem Straßenbahnunfall am 22. Dezember 1949 ums Leben.

188 Ausführlich zu Ropers: Datenbank AvS

11. Die Arbeiterjugend

Die Hamburger Sozialdemokraten waren nicht auf die illegale Arbeit vorbereitet: Vor allem fehlten eine Führungsstruktur und Erfahrung in der konspirativen Arbeit. Die größte und aktivste Widerstandsgruppe, orientiert an der Organisationsstruktur der Partei und von zahlreichen früheren Funktionsträgern unterstützt, bildete sich um Walter Schmedemann.
Da die illegale SPD erst mühsam aufgebaut werden musste, entstanden parallel dazu aus alten Gruppenzusammenhängen weitere sozialdemokratische Widerstandsgruppen, die zum Teil selbstständig arbeiteten. Ehemalige Mitglieder des sozialdemokratischen Vereins- und Organisationswesens wie die SAJler (Sozialistische Arbeiterjugend), Jungsozialisten, die Reichsbannerleute und die Arbeitersportler trafen sich auch nach dem Verbot der SPD zu gemeinsamen Aktivitäten.

SAJ Eimsbuettel 1931

In den SAJ-Gruppen drängten Aktivisten auf eigene Aktionen. So unterstützte der Eimsbüttler SAJ-Widerstand um **Julius Willemsen** (*1907) und **Friedrich Börth** (*1914) nicht nur die illegale SPD bei der Verbreitung der „ Roten Blätter", der Durchführung von Kurierdiensten und der Sammlung von Geld, sondern organisierte politische Diskussionen und gemeinsame Freizeitaktivitäten. Als der Widerstandskreis zum 16. Jahrestag der Novemberrevolution 1934 den Aufruf „Vorwärts und nicht vergessen" verfasste und als Flugblatt verteilte, geriet die Gruppe ins Visier der Gestapo. Es kam zu zahlreichen Verhaftungen. Julius Willemsen verbüßte 5 Jahre in Schutzhaft und

Zuchthaus.[189] Besonders hart traf es den 20 jährigen Friedrich Börth aus Eimsbüttel. Er wurde wegen Vorbereitung zum Hochverrat zu drei Jahren Zuchthaus verurteilt und wurde auf Anordnung der Gestapo in das KZ Sachsenhausen überführt. Hier saß er weitere sieben Jahre bis zur Befreiung Ende April 1945 ein.
Der körperlich Geschwächte wurde von den Besatzungstruppen nach Neuhaus/Elbe, Kreis Hagenow-Land, in Mecklenburg gebracht und war dort ab Herbst 1945 für ein Jahr im Bürgermeisteramt beschäftigt.
Am 17. Januar 1947 kehrte Friedrich Börth zurück nach Hamburg. Kurzfristig war er beim Jugendherbergsverband und bei der Vereinigung der Verfolgten des Naziregimes (VVN) tätig, bevor er am 1. Juni 1947 eine Beschäftigung als Parteisekretär der SPD-Landesorganisation Hamburg aufnahm. Anschließend wechselte er als Kreissekretär in den 1950 im Zuge der Organisationsreform neu gebildeten SPD-Kreis Hamburg-Nord. Schließlich führte er die Parteigeschäfte des SPD-Bezirks Hamburg-Nordwest mit Sitz in Stade. Friedrich Börth ist am 4. Mai 1988 gestorben.

Viele der zunächst als wehrunwürdig gebrandmarkten jungen Männer wurden später zu Sondereinheiten und Bewährungsbataillonen eingezogen und kamen im Krieg ums Leben. Die Überlebenden dieser Generation hatte es nach dem Krieg im innerparteilichen Wettbewerb um Mandate und Funktionen besonders schwer. Auf der einen Seite gab es diejenigen, die aus der Zeit vor 1933 politische Erfahrung mitbrachten und den demokratischen Aufbau prägten, auf der anderen Seite drängte eine neue Generation von Parteimitgliedern in die Politik.
Nur wenige SAJ-Widerstandsaktivisten übernahmen nach 1945 führende Positionen in Partei und Bürgerschaftsfraktion. Es war aber gerade dieser Personenkreis, der über viele Jahre die Erinnerungsarbeit prägte. Das lag nicht nur daran, dass sie die Jüngsten der Verfolgten waren, sondern ohne Zweifel auch an den in jugendlichem Alter durch Verfolgung, Haft und Folter erlittenen traumatischen Erfahrungen. Heinz Gärtner und Arnold Hencke engagierten sich über Jahrzehnte in der Arbeitsgemeinschaft ehemals verfolgter Sozialdemokraten (AvS) und gehörten zu den Initiatoren der KZ Gedenkstätte Fuhlsbüttel, wo beide bis zu ihrem Tod als Zeitzeugen auftraten.

Walter Pöhls

Walter Pöhls (*1909) absolvierte nach dem Besuch der Volksschule eine vierjährige Ausbildung zum Tischler. Anschließend studierte er bis Anfang 1931 sechs Semester Raumkunst an der Landeskunstschule Hamburg. Sein Ziel war es, Architekt zu werden.
Walter Pöhls trat 1924 der Sozialistischen Arbeiterjugend (SAJ) bei und wurde drei Jahre später Mitglied der SPD. Nach der Machtübernahme der Nationalsozialisten gehörte er zu dem Kreis von SAJ-Aktivisten in Eimsbüttel um Julius Willemsen und Friedrich Börth. Nachdem die ersten Verhaftungen bereits im Januar 1935 erfolgt waren, wurde Walter Pöhls am 7. Mai 1935 von der Gestapo abgeholt und ins Konzentrationslager Fuhlsbüttel gebracht. In dem Prozess gegen „Hencke und Genossen" war er nach Julius Willemsen, Jahrgang 1907, mit 26 Jahren der älteste Angeklagte. Der jüngste, Werner Korupp, war 19 Jahre alt. Wegen Vorbereitung zum Hochverrat wurden die zwölf Angeklagten insgesamt

189 *Ausführlich zu Börth: Datenbank AvS*

zu 25 Jahren und drei Monaten Haft verurteilt, Pöhls erhielt 2 Jahre Zuchthaus. Walter Pöhls verbüßte seine Strafe im Zuchthaus Fuhlsbüttel, im Strafgefangenenlager Börgermoor und im Zuchthaus Freiendiez bei Limburg an der Lahn. Hier wurde er am 8. Mai 1937 entlassen. Seine Ausbildung zum Architekten, die er als Volontär abbrechen musste, konnte er nicht wieder aufnehmen. Pöhls arbeitete nach seiner Entlassung zunächst als Tischlergeselle und versuchte dann, sich als Kunstmaler eine wirtschaftliche Existenz aufzubauen. Die dazu notwendige Zulassung bei der Reichskammer der bildenden Künste wurde ihm allerdings versagt. Auf seinen Einspruch hin wurde er schließlich Ende 1940 als Maler zugelassen.
Walter Pöhls gehörte zu den jungen Männern, die aufgrund ihrer politischen Vorstrafe für wehrunwürdig erklärt wurden und erst später, als die Wehrmacht dringend neue Soldaten benötigte, zu den berüchtigten Bewährungsbataillonen eingezogen wurden. Diese Einheiten kamen bei besonders gefährlichen Militäroperationen zum Einsatz und verzeichneten große Verluste. Pöhls diente ab November 1942 im Bewährungsbataillon 999 und kam im April 1943 in amerikanische Kriegsgefangenschaft. Im Januar 1946 kehrte er zurück nach Hamburg.

Walter Pöhls setzte seine Tätigkeit als Kunstmaler fort, geriet aber wie viele Künstler nach der Währungsreform in wirtschaftliche Schwierigkeiten. Politisch engagierte er sich wieder in der SPD. Von 1958 bis 1968 führte er den Vorsitz im Distrikt Barmbek-Nord und gehörte damit dem Kreisvorstand in Hamburg-Nord an. Von 1961 bis zu seinem Tod war er Abgeordneter der Hamburgischen Bürgerschaft. Sein Arbeitsschwerpunkt lag im Kulturausschuss. Walter Pöhls gehörte zu den wenigen Verfolgten seiner Generation, die ein Bürgerschaftsmandat errangen. Vor 1933 waren sie noch zu jung gewesen, um sich politisch zu profilieren, nach 1945 mussten sie sich - gezeichnet von Verfolgung und Kriegsdienst – zunächst beruflich etablieren. Walter Pöhls starb am 15. Januar 1971 in Hamburg.[190]

Heinz Gärtner

Heinz Gärtner[191] (*1916) besuchte die Schule Forsmannstraße, an der er 1932 die Mittlere Reife ablegte. Nach dem Schulabschluss begann er eine Buchdruckerausbildung und wurde im gleichen Jahr Mitglied der SPD und der Gewerkschaft. Der Hamburger SAJ-Sekretär Erich Lindstaedt (*1906)[192] hatte schon vor dem Verbot der Arbeiterjugend Vorkehrungen für die illegale Arbeit getroffen. Er beauftragte Heinz Gärtner, der noch im Januar 1933 in den SAJ-Landesvorstand gewählt worden war, die Verbindung unter den führenden SAJ-Funktionären (u.a. Willy Tiedt (*1911), Karl Strutz (*1908) und Ernst Weiß(*1911)) aufrechtzuerhalten. In den Stadtteilen wurden kleine Gruppen von vier bis sieben Personen gebildet. Sie dienten dem Zusammenhalt. Hier wurden politische Gespräche geführt.
Illegale Zeitungen und Broschüren, die aus dem Ausland kamen oder in Hamburg hergestellt worden waren, wurden herumgereicht und

190 Wiedergutmachungsakte Walter Pöhls, Staatsarchiv Hamburg 351-11
191 Siehe Heinz Gärtners Lebenslauf in: AvS (Hrsg.) „Dass die Frage der Wiedergutmachung...zu einem öffentlichen Skandal geworden ist" - Die Tätigkeit der ehemals verfolgten Sozialdemokraten 1945-2005, S. 67ff http://retro.spd-hamburg.de/cms/fileadmin/AvS/download/AvS-Brosch%FCrescreen.pdf
192 Vita Lindstaedt siehe: http://de.wikipedia.org/wiki/Erich_Lindstaedt abgerufen 7.12.2012

Gärtner, Strutz in jungen Jahren

weiter verteilt. Das Wander- und Fahrtenleben der Arbeiterjugend wurde, getarnt als unpolitische Aktivität, zunächst noch in einem größeren Kreis fortgeführt. Der Schwerpunkt der illegalen SAJ-Arbeit lag in Eimsbüttel, doch auch in anderen Stadtteilen gab es Aktivitäten. Im früheren SAJ-Distrikt Goldbek (Winterhude/Barmbek) bestanden bis Anfang 1936 drei Gruppen. Eine davon hieß „Paul Singer" und stand unter der Leitung von Heinz Gärtner.
Zu ersten Verhaftungen von Mitgliedern der illegalen SAJ kam es 1935. Am 27. April 1936 wurde auch Heinz Gärtner von der Gestapo abgeführt. Es folgten vier Wochen Einzelhaft mit Verhören und Misshandlungen im Konzentrationslager Fuhlsbüttel. Die herzkranke Mutter war den Belastungen nicht gewachsen. Sie starb im Mai 1936. Heinz Gärtner wurde schließlich wegen der Fortführung der SAJ-Gruppenarbeit zu 18 Monaten Gefängnis verurteilt. Der gesamte Umfang seiner Widerstandsarbeit war glücklicherweise nicht ans Licht gekommen. Seine Strafe verbüßte Heinz Gärtner im Jugendgefängnis Hahnöfersand. Am 28. Oktober 1937 wurde er entlassen. Die SAJ war zerschlagen.

Obwohl 1936 als wehrunwürdig eingestuft, wurde Heinz Gärtner 1943 zur Wehrmacht eingezogen. 1946 kehrte er aus russischer Kriegsgefangenschaft zurück und beteiligte sich zunächst am Aufbau der sozialdemokratischen Kinder- und Jugendorganisation „Die Falken". 1950 wurde er hauptamtlicher Mitarbeiter der SPD-Landesorganisation, deren Geschäftsführer er bis 1981 war. Von 1986 bis zu seinem Tod am 3. September 2001 war Heinz Gärtner in Hamburg Vorsitzender der Arbeitsgemeinschaft ehemals verfolgter Sozialdemokraten (AvS). Über Jahrzehnte stand er in Schulen und Gedenkstätten als Zeitzeuge zur Verfügung, um an den Widerstand und die Verfolgung während der NS-Zeit zu erinnern. In Anerkennung seiner ehrenamtlichen Tätigkeit wurde er vielfach geehrt.

Arnold Hencke vor Zelle KZ Fuhlsbuettel

Arnold Hencke[193] (*1915) besuchte von 1922 bis 1929 die Volksschule und anschließend bis 1932 den Oberbau der Schule Telemannstraße Eimsbüttel. Hier schloss er mit der Mittleren Reife ab. Einen weiteren Schulbesuch konnte der Vater dem begabten Sohn nicht finanzieren. Anschließend begann Hencke eine Ausbildung als Maschinenbauer. Im Alter von 14 Jahren wurde er Mitglied der Sozialistischen Arbeiterjugend, 1932 trat er in die SPD, Distrikt Eimsbüttel-Nord, ein. Schon mit 16 Jahren war er in der SAJ als Gruppenleiter tätig.
Hencke beteiligte sich an der illegalen Arbeit der Eimsbüttler SAJ um Julius Willemsen und Friedrich Börth durch die Übernahme von Kurierfahrten. Etwa zweieinhalb Stunden benötigte er mit dem Fahrrad, um die 60 Kilometer Hin- und Rückfahrt nach Uetersen zu bewältigen. Bei Kurierfahrten startete er gegen zwei Uhr morgens in Eimsbüttel, so dass er kurz von fünf Uhr wieder zu Hause war. Am Vormittag des 25. Januar 1935 holte die Gestapo Hencke am Arbeitsplatz ab. Am Tag darauf wurde Friedrich Börth verhaftet. In dem anschließenden Prozess wurden zwölf SAJler zu mehrjährigen Haftstrafen verurteilt.
Unmittelbar nach seiner Verhaftung war Hencke schwersten Misshandlungen ausgesetzt, bei denen ihm mehrere Zähne ausgeschlagen wurden. Bis zum 7. August 1935 wurde er im KZ Fuhlsbüttel gefangen gehalten. Er verbüßte die Strafe im Gefängnis Hahnöfersand. Am 30. Juli 1937 wurde er „auf Probe" entlassen.
Zwar konnte er seine Ausbildung fortsetzen, doch litt er noch längere Zeit an Verfolgungswahn und seine Gesundheit war angeschlagen. Durch seinen SAJ-Freund Gustav Girlich (vgl. Kap. 6, Gesa Schneider) kam Hencke 1939 zur Turnerschaft Armin von 1893. In einem zuverlässigen Kreis wurden gesellschaftspolitische Themen und Tagesfragen diskutiert, verbotene Literatur gelesen und Lieder der Arbeiterbewegung gesungen.

193 Ausführlich Arnold Henkes Lebenslauf (Anm. 191), S. 70f

Nach dem Krieg beteiligte sich Arnold Hencke am demokratischen Aufbau. Der Wiederaufbau der SAJ scheiterte an den Vorgaben der britischen Besatzungsmacht, die zunächst keine parteigebundenen Jugendorganisationen zulassen wollte. Im Sommer 1945 wurde deshalb die unabhängige Hamburger Arbeiterjugend gegründet und Arnold Hencke zum ersten Vorsitzenden gewählt. Nachdem er ein Jahr ein Jugendwohnheim in Harburg geleitet hatte, entschied er sich für eine Ausbildung zum Volksschullehrer. Über viele Jahre hinweg engagierte er sich in dem Verein „Jugendweihe Hamburg e.V.", der ihn zu seinem Ehrenvorsitzenden wählte.
1987 gehörte Arnold Hencke zu denen, die die „Gedenkstätte Konzentrationslager und Strafanstalten Fuhlsbüttel 1933-1945" einweihten. Bis kurz vor seinem Tod stand er dort als Zeitzeuge zur Verfügung, um an den Widerstand und die Verfolgung während der NS-Zeit zu erinnern. Nach dem Tod von Heinz Gärtner übernahm der bisherige Stellvertreter Arnold Hencke 2001 im Alter von 86 Jahren den Vorsitz der Arbeitsgemeinschaft ehemals verfolgter Sozialdemokraten (AvS). Auch er wurde für seine ehrenamtliche Tätigkeit vom Hamburger Senat geehrt. Arnold Hencke starb am 10. Januar 2003.

Nachwort

Viele hatten nicht überlebt. Im Protokoll des 1. Parteitags 1946 heißt es: „...gedachte ein Sprecher der Toten, aller Toten dieses Krieges und des Kampfes gegen den Terror in allen Nationen und aus allen Rassen. Die Liste der Toten der Partei konnte nicht verlesen werden. Sie hätte Stunden und Stunden in Anspruch genommen und wäre wohl doch nicht vollständig gewesen..."
Manch einem gelang nicht die Rückkehr nach Hamburg, aber die meisten Sozialdemokratinnen und Sozialdemokraten hatten mit Ungeduld die Wiedergründung der SPD erwartet – und vor allem den Aufbau eines sozialen und demokratischen Rechtsstaats. Wie mühsam und auch konfliktbeladen das in einer Zeit größter materieller und ideeller Not war, hat der Historiker Walter Tormin in akribischer Recherche erarbeitet.[194]

Was heute leider oft vergessen wird sind die Umstände, unter denen diese Generation den Wiederaufbau sowohl der politischen Strukturen wie auch des materiellen Aufbaus der zerstörten Stadt gemeistert hat. Die meisten lebten unter extrem beengten Verhältnissen, konnten froh sein, wenn sie ein solides Dach über dem Kopf hatten und in der extremen Winterkälte auch noch heizen konnten. Dazu kam der Hunger. Wer heute eine Diät macht, hat dabei immer noch täglich wesentlich mehr zu essen als die Menschen damals.

Von dieser Generation leben heute nur noch ganz wenige. Ihre Kinder und Enkel versuchen seit Jahren, das Schicksal ihrer Familien zu erforschen, auch deshalb, weil sie spüren, dass sie indirekt davon mehr betroffen und geprägt sind, als sie in jungen Jahren glaubten. So haben die Kinder von Curt Bär erst über dreißig Jahre nach Kriegsende Einzelheiten über die Verfolgung ihres Vaters erfahren, als dieser seine Erlebnisse im Alter aufgeschrieben hat. Darüber sprechen konnte er nicht. Wie tiefsitzend solche Traumatisierungen sein können, sei hier am Beispiel Karl Deppes gezeigt, der wegen seiner Widerstandstätigkeit über ein Jahr im Gefängnis und im Konzentrationslager Fuhlsbüttel gequält wurde. An seinem 98. Geburtstag sagte er: „Wenn nur die Nächte nicht wären. Ich träume jede Nacht, ich bin in der Zelle, sie werden gleich kommen und mich holen. Ich habe solche Angst, solche Angst! Jede Nacht, und die Ärzte versuchen alles Mögliche und keiner kann mir helfen!"
Karl Deppe hatte nicht nur mit der Haft bezahlt, er bezahlte auch noch im Alter mit Albträumen seinen Einsatz für Demokratie und Freiheit. Niemand möge glauben, dass für diese Menschen das Kapitel 1933-1945 bei Kriegsende zu Ende war. Um so mehr ist der Mut und die Leistung derjenigen zu würdigen, die nach zwölf Jahren der Not und der Verfolgung trotz Hunger und Kälte sich an die politische Arbeit machten.

194 Tormin, Walter, Die Geschichte der SPD in Hamburg 1945 bis 1950. Forum Zeitgeschichte Band 4, Hrsg. Forschungsstelle für die Geschichte des Nationalsozialismus in Hamburg, Hamburg 1995

Die Autoren:

Dr. Helga Kutz-Bauer geb. 1939 in Königsberg/Ostpr. Lehre als Industriekaufmann. 1966 Abitur am Abendgymnasium Hannover. Studium der Soziologie und Wirtschafts- und Sozialgeschichte an der Universität Hamburg. 1971 Abschluss als Diplom-Soziologin. Promotion mit einer Arbeit über die Arbeiterbewegung in Hamburg 1873-1890. 1985-2003 Leiterin der Landeszentrale für politische Bildung in Hamburg. Diverse Veröffentlichungen zu Hamburg und zur Geschichte der Hamburger SPD. Zwei sozialhistorische Romane: „Königsberger Schnittmuster“ und „Königsberger Kreuzwege“, Würzburg 2008.

Dr. Holger Martens, geb. 1962, Historiker, Studium der Geschichte, der Politischen Wissenschaft und der Sozial- und Wirtschaftsgeschichte an der Universität Hamburg und der University of East Anglia, Vorstand von Historiker-Genossenschaft eG, Lehrbeauftragter am Historischen Seminar der Universität Hamburg (Arbeitsstelle für Genossenschaftsgeschichte), Veröffentlichungen zur Neueren Geschichte und Zeitgeschichte insbesondere zur Parteiengeschichte, zu Widerstand und Verfolgung, zur Genossenschaftsgeschichte und zur Unternehmensgeschichte.

Lebensgeschichten. Abkürzungen der Autoren und Autorinnenin der Datenbank:

HC Holger Christier
IG Iris Groschel
H D-Harm-Dieter Hauto
WJ Werner Jochmann
FK Franklin Kopitzsch
HM Holger Martens
MM Marianne Monden
CO Christel Oldenburg
HS Hans Saalfeld
GS Gesa Schneider
MS Manfred Schweizer
AS Armin Stüwe
JT Jörn Tiedemann
WT Walter Tormin
UT Ulrich von der Trenck (Uli Knickrehm)
MW Meik Woyke
GW Gerd Wrage

Fotoalben aus den Jahren 1946-1950
Fotograf Georg Menz

So demonstriert Hamburg am 1.Mai

Dahrendorf-Versammlung
in Blomspark
BILLSTEDT

Dahrendorf, Weidt, Kinast, Brandes

Heidi Kabel singt Seemannslieder

1. Mai 1949

13

15

14

Einweihung des Ehrenmals
für die Opfer des Faschismus
auf dem Ohlsdorfer Friedhof

Abordnung der Arbeitsgemeinschaft verfolgter Sozialdemokraten

Altes „Hamburger Echo" vor 1933

Aufräumungsarbeiten im Presse-Haus: die Geburtsstätte des neuen „Hamburger Echo".
(Verlagsanstalt Auer Druck G.m.b.H.)

in der Setzerei

Im Parteibüro 1946

4

Gen. Keilhak Gen. Meitmann

Der neue Sozialist kommt an.

In der Hauptkasse

August Blume

Landesparteitag vom 26.4.-27.4.47.

Zuhörer

Zuhörer

Persönlichkeiten bei der Maifeier:

Ernst Köhler , Fenner Brockway
Chefredakteur Joh. Kanter

Franz Spliedt

NWDR

78
9x→

28

Partei tag 1950 v.21.–25 Mai in Hamburg

X

4 F1

Gen. Paul Löbe

Gen. Dr. Schumacher spricht..

~~Gen.Werner Suhr~~ Max Kukil   Gen.Luise Schröder

59

Gen.Dr.Schumacherbei den Studenten
SEPTEMBER 1946

Fortsetzung unten.

Die Massen der arbeitenden Menschen (c k a. 100 000) waren in Planten u. Blomen am 30. Juli 1949 zu einer WAHLKUNDGE-BUNG

Abbildungsnachweis

S. 5 Ostermeier/ SPD HH
S. 6 AdsD 6/FOTA025972
S. 14 Darchinger Archiv
S. 16 igdj-hh
S. 19 Mingram
S. 20 Mingram
S. 21 privat
S. 23 oben: Handbuch 1. Dt. Bundestag
S. 23 unten privat
S. 26 Landtag Schleswig Holstein
S. 30 Georg Menz
S. 31 Georg Menz
S. 33 Conti-Press
S. 36 privat
S. 38 privat
S. 41 Mingram/privat
S. 43 Ostermeier/SPD HH
S. 45 privat
S. 46 Harburger Nachrichten
S. 47-52 privat
S. 54 Hbgi-. Bürgersch 1957
S. 57 beide oben Staatsarchiv
S. 57 unten: unbekannt
S. 58 v. oben n. unten: SPD Hamburg, Staatsarchiv, Landesbildstelle HH, SPD Hamburg
S. 60, 63 und 66 privat
S. 67 SPD Hamburg
S. 69 privat Otto Grot
S. 70 Georg Menz
S. 72-75 Staatsarchiv
S. 76 oben Jahresbericht 62/63 SPD Hamburg
S. 76-77 Georg Menz
S. 79 Staatsarchiv Hamburg 622-2 23 Nr. 72
S. 81 Staatsarchiv Hamburg, 622-2 23 Nr. 93
S. 84 privat
S. 90 Staatsarchiv
S. 92/93 Staatsarchiv
S. 95 Jahresbericht SPD Hamburg 1962/63
S. 96 KZ-Gedenkstätte Neuengamme
S. 97 privat
S. 99 privat
S. 100 Bürgerschaftshandbuch
S. 101/102 privat
S. 103 privat
S. 108-113 Aus dem Fotoalben 1946-1950 Menz Archiv SPD Hamburg
Div. Fotos Vorder- u. Rückseite: Archiv SPD Hamburg

Die Quellen für einige Bilder konnten trotz unserer Bemühungen nicht ermittelt werden. Wir bitten gegebenenfalls um Nachricht an die AvS Hamburg.